kurz & bündig

PUR.
Popstar.
Poet.

Hartmut Engler

von Nadja Otterbach

kurz & bündig verlag | Frankfurt a. M. | Basel

Besuchen Sie kurz & bündig verlag im Internet:
www.kurz-und-buendig-verlag.com

MIX
Papier aus verantwortungsvollen Quellen
FSC® C022176

Lektorat: Rainer Vollmar, Henrik Halbleib, Frankfurt a. M.
Gestaltung: Katja von Ruville, Frankfurt a. M. nach einer Idee von Fanny Oppler, Basel
Coverfotografie: Carsten Klick
Inhaltsfotografien: Carsten Klick (S. 2, 57, 111), Ralph Larmann (S. 13), Carsten Costard (S. 143)
Satz: Katja von Ruville, Frankfurt a. M.
Druck und Bindung: Memminger MedienCentrum, Memmingen

ISBN 978-3-907126-10-3

1.
Warum Hartmut manchmal mit seinen Fans auf Reisen geht

Hartmut Engler ist oben. Musikalisch sowieso. An diesem Herbsttag aber geht es um etwas anderes. Um Fans und Nähe und, ja, auch um Träume. Hartmut Engler steht auf dem Feldberg, dem höchsten aller Hügel in seinem Heimatland Baden-Württemberg. Die Mittagssonne thront senkrecht über ihm und strahlt, als ginge es sie nichts an, dass es schon Mitte September ist. Es dauert nicht lange, da schält sich Hartmut Engler aus seiner schwarzen gefütterten Jacke und freut sich über den unerwarteten Sonnenschein. Er, der Ausnahmemusiker, dessen Stimme man schon nach dem ersten Ton zweifelsfrei identifizieren kann, steht in fast 1440 Meter Höhe vor einem Panorama, das so schön ist wie ein Gemälde und nach Urlaub aussieht. Nach Seele baumeln und sich fallen lassen. Die 250 Fans, die mit Hartmut im Hochschwarzwald sind, lassen sich fallen. Manche in seine Arme, um ein Selfie zu schießen, andere auf eine der Bänke, die dazu einladen, den Blick in die Ferne zu richten und ausnahmsweise mal nichts zu tun, außer zu atmen.

Es ist die dritte Fanreise, die PUR auf die Beine gestellt haben und die ratzfatz ausverkauft war. Ein Wochenende an der klaren Luft. Natur pur. Deftige Schwarzwälder Spezialitäten. Dass Fans ihren Popstars zwei Tage lang so nahe sein können – für viele dürfte sich das anfühlen wie ein Sechser im Lotto. Nach gemeinsamen einwöchigen Strandabenteuern auf Zypern und in der Türkei 2012 bzw. 2015 geht es diesmal zünftig zu. Drei Herren in rot-weiß-karierten Hemden – das Trio Wälderbuebe aus Breitnau – spielen alpenländische Musik, direkt vor dem Bismarck-Denkmal. In Sichtweite rupfen Kühe die letzten getrockneten Grasbüschel aus der Erde – der Hitzesommer 2018 lässt grüßen. Macht nix. Hartmut Engler und seine Kollegen sind schließlich hier. Ein besseres Fotomotiv kann sich ohnehin niemand vorstellen. Alle 30 Sekunden schwebt surrend eine grüne Gondel herbei, aus der eine neue Gruppe gut gelaunter Menschen aussteigt.

Hartmut begrüßt jeden persönlich. Er lächelt in Handykameras, und wenn seine Fans ihn ehrfürchtig mit etwas Abstand beäugen, geht er ein paar Schritte auf sie zu und sagt: »Traut euch.« Schlank sieht er aus in seinen Used-Look-Jeans. Und definitiv jünger als der Mittfünfziger, der er ist. Immer wieder wird er gefragt, ob er gerade aus dem Urlaub komme. Das bringt seine Freundin Katrin zum Lachen. Ihr Hartmut sehe immer so aus, sagt sie. Er nehme eben schnell Farbe an, im Gegensatz zu ihr. Hartmut grinst in die immer größer werdende Runde auf dem Plateau unter dem Feldberg-Gipfel, und wenn es ihm zu eng wird, setzt er sich auf eine Bank, allein, und man spürt: Bloß nicht stören. Jetzt ist er ganz bei sich. Dass er diese Auszeiten braucht, wird er später sagen. »Es war ja nicht so, dass ich mich zwischendurch zwei Stunden aufs Hotelzimmer zurückziehen konnte wie bei den Fanreisen zuvor.« Er versuche dann auszustrahlen: Bitte, lasst mich mal kurz in Ruhe. Das funktioniere meistens. »Ich bin nicht per se vierundzwanzig Stunden an sieben Tagen die Woche freundlich. Das ist bei mir nicht in der Veranlagung. Es gibt schon Menschen, die selbst in der Depression noch einen witzigen Spruch auf Lager haben. Ich mache meine schlechte Laune gern mit mir aus. Und ich bin professionell absolut in der Lage, es niemanden merken zu lassen, wenn ich in so einer Phase bin.« Aber ab und zu müsse er sich eben mal rausnehmen und seine Gedanken ordnen. Anders auf der Bühne. »Wenn mir einer nach dem Konzert sagen würde, ich hab heute gemerkt, dass du Sorgen hast, dann hab ich's ganz schlecht gemacht.« Wenn er krank sei, dann könne er das nicht überspielen. Aber eine innere Befindlichkeit, die wird man bei einem Hartmut Engler auf der Bühne nicht spüren. Und dann kommt ein typischer Hartmut-Satz: »Ich gebe mich den Songs hin. Das ist wie bei einem Schauspieler, der eine Rolle spielt. Ich spiele die Rolle, die mein Leben mir geschrieben hat.« Froh sei er gewesen, das alles so gut hinbekommen zu haben im Südschwarzwald. Erschöpft auch, nach diesen zwei Tagen des Nonstop-Redens – und er redet gern. Unumwunden gibt er zu, einen Autogrammwunsch auch mal abzulehnen, wenn's zu viel wird. Alle Fans nehmen an diesem Wochenende signierte CDs und Autogrammkarten mit nach Hause. Aber: »Wenn 250 Leute zusätzlich sämtliche private Besitztümer unterschrieben haben wollen, auch die kleinsten Dinge, und das so ein Gefitzel wird, dann denke ich schon mal: Ich dreh durch! Wenn ich unter Strom bin, habe ich meistens keine ruhigen Hände.« Dann lieber ein schnelles Foto.

Es ist ein Treffen auf Augenhöhe. PUR und Fans tuckern gemeinsam mit einem Schiff über den Schluchsee, schieben sich Schwarzwälder Kirschtorte in den Mund, und immer wieder wandern sie an diesem Wochenende. Erst den Feldberg runter, dann am Seeufer entlang. Durch ziemlich schöne Natur unter der ziemlich gut gelaunten Sonne. Das Tempo gemütlich. Die nächste Gaststätte wartet schon. Hartmut führt die Gruppe an. »Ich kam mir vor wie Noah«, wird er sich einen Monat später daran erinnern und dabei laut lachen. »Ich drehe mich um und alle folgen mir. Das fühlt sich an wie: Ich führe das Volk in ein anderes Land. Kommt mit mir ins Abenteuerland.«

Das Abenteuerland ist in diesem Fall eine Premiere in der Fahrzeughalle einer Brauerei. Hier stellt die Band am zweiten Abend ihr neues, mittlerweile sechzehntes Studio-Album vor. »Zwischen den Welten«, das deshalb so heißt, weil Hartmut selbst manchmal nicht glauben kann, in welchen Sphären er sich bewegt. Eben noch auf dem Sofa vor dem Fernseher, am nächsten Tag vor 66 000 Fans in der Arena auf Schalke. Dazwischen liegen nun mal Welten. Und nach diesen Sprüngen sanft zu landen, das muss man erst mal schaffen. In Interviews wird Hartmut nicht müde zu erklären, dass es uns allen guttun würde, öfter mal die Perspektive auf die Welt zu verändern, über den Tellerrand zu blicken. Auch dann tolerant und verständnisvoll zu sein, wenn uns etwas fremd erscheint. Auch davon handelt der Titel.

Hunderte Bierkästen stapeln sich in der Halle. Eine Bühne ist aufgebaut, Scheinwerfer leuchten. Die Fans fiebern den neuen Songs entgegen. Man sieht es an ihren Gesichtern. Und daran, dass sie sich keinen Zentimeter von der Bühne wegbewegen. Einige haben das Grillbüfett links liegen lassen, um ganz vorne zu stehen.

Vielleicht ist es für Hartmut wie für frischgebackene Eltern. Die Geburt ist gemeistert, nun gilt es, das Baby dem engsten Kreis vorzustellen. Stolz, glückselig, gespannt. Und wie das beim engsten Kreis so ist, nimmt er das Kind gerne in seine Mitte und freut sich darauf, es endlich beschnuppern zu können. Zwei Monate später bei der großen Arena-Tour werden 14 600 Stimmen in Stuttgart jede Textsilbe mitsingen. Was Hartmut in diesem Moment vermutlich noch nicht ahnt. Er ist ein kleines bisschen angespannt heute, was aber nicht an den 250 Fans liegt, die gleich jeden Ton von ihm feiern werden. Das Konzert wird via Livestream übertragen. Es werden also sehr viel mehr Ohren mithören, wenn Hartmut zum ersten Mal die neuen Songs präsentiert. Die Band hat sich kurzfristig dazu entschlossen. »Wenn's nicht gut wird, dann wirkt das nach und bekommt so eine Wichtigkeit«, glaubt Hartmut. Es beschäftigt ihn.

Er hat noch keinen Ton gesungen, schon knistert die Luft vor Energie. Die Fans kommen ihm zuvor: »Oh, wie ist das schöööön!« Eine Fanhymne, die sie singen, um PUR auf die Bühne zu locken. Und dann sind sie da, die sieben Herren aus Schwaben. Sie werden gefeiert, als wären sie gerade von einer drei Jahre andauernden Survival-Tour zurückgekehrt – ohne Kontakt zur Außenwelt. Stillstehen ist überhaupt keine Option. Zu jedem Song hat Hartmut eine Anekdote parat. Sagt, was es mit den Perspektivwechseln bei »Zwischen den Welten« auf sich hat, dass er Hermann-Hesse-Fan und »Siddhartha« seine Lieblingslektüre sei. Hartmut ist tiefgründig – auch beim Partymachen. Ganz hinten tanzt ausgelassen Katrin, seit zehn Jahren die Frau an seiner Seite. »Du bist mein Fixstern«, singt er gerade vermutlich nur für sie. Dem nächsten Lied »Auf alles, was noch kommt« hat er nur eins hinzuzufügen: »Wir sind hier noch lange nicht fertig!« Er ruft es in die Menge, und es klingt wie ein Versprechen.

Ulli, Helle und Silke sind aus dem Häuschen. Keine Sekunde stehen die Frauen aus Bremen still. 800 Kilometer sind sie gefahren, um das zu erleben. Ihre Männer haben sie zu Hause gelassen. Man trifft beim Fanevent viele, die wie sie jahrzehntelang Fans sind und für die es selbstverständlich ist, das auch bis in alle Ewigkeit zu bleiben. Seit 1995 hören sie die Musik von PUR, obwohl Ulli auch Heavy Metal mag. Einmal habe sie sich überreden lassen, auf ein PUR-Konzert mitzugehen. »Mitgegangen, mitgefangen«, sagt die 54-Jährige grinsend. Helene Fischer, das gehe gar nicht, aber wer einmal bei PUR gewesen sei, der komme wieder. Gar keine Frage. Für Silke, 51, ist es das dreißigste Konzert. Und die zweite Fanreise. »Wann hat man sonst die Möglichkeit, die Band persönlich kennenzulernen?« Was sie an Hartmut schätzt? »Er ist in seinen Liedern emotional, schreibt sich alles von der Seele.«

Heike ist 53 und kommt aus der Nähe von Aschaffenburg. Auch sie war mit Hartmut bereits auf Zypern und in der Türkei und findet: »Er wirkt manchmal verschlossen, aber in seinen Liedern gibt er viel von sich preis.« Auch sie hört seit 30 Jahren PUR. Und schuld daran ist ihre Tochter, die mit fünf Jahren vorm Fernseher saß, als auf dem Bildschirm plötzlich ein Mann mit einer blonden Locke auftauchte. Die Tochter tanzte begeistert durchs Zimmer und rief: »Da will ich hin!« Also fuhr die ganze Familie zur Frankfurter Festhalle. »Geweint vor Glück« ist Heikes Lieblingssong. Sie trägt die Zeilen auf ihrem grünen Fanshirt. Nach 16 Alben weiß sie: »Es ist immer ein Lied dabei, das etwas mit dem eigenen Leben zu tun hat.« Findet auch Birgit, 50, die keinen Geburtstag feiert ohne »Ein graues Haar« und die – das wundert jetzt keinen mehr – ebenfalls seit drei Jahrzehnten Fan ist. »Die stehen mitten im Leben, Hartmut trifft mit seinen Texten den Nagel auf den Kopf.« Während der Wandertour hat sie ihn in ihrem Fotoalbum blättern lassen mit Aufnahmen von der letzten Fanreise. Jedes Bild habe er betrachtet. Und dann das Album unterschrieben.

»Ich spiele die Rolle, die mein Leben mir geschrieben hat.«

VELTINS

2.
Warum Hartmut die Beine hochlegt und trotzdem noch lange nicht Schluss ist

 Er könnte die Beine hochlegen, dabei ein Bierchen trinken und sich selbst auf die Schulter klopfen. Hartmut Engler müsste nicht mehr arbeiten. Er muss niemandem mehr etwas beweisen. Des Geldes wegen neue Platten aufnehmen? Auch dafür besteht keine Notwendigkeit. Schon lange nicht mehr. Hartmut Engler ist der Sänger einer der erfolgreichsten deutschsprachigen Popbands aller Zeiten. Seine Karriere mit PUR begann 1975 und dauert bis heute an. In Zahlen klingt das so: über 12 Millionen verkaufte Tonträger, mehr als 20 Platin- und 40 Goldauszeichnungen sowie acht Nummer-Eins-Alben. Die Texte zu sämtlichen Hits stammen aus Englers Feder. Entsprechend viele Preise pflastern seinen Weg. Ein Bambi, fünf Echos, die Goldene Europa, zwei Goldene Kameras, neun Goldene Stimmgabeln und viermal die RSH-Gold dürfen PUR ihr Eigen nennen. Für seine gesellschaftskritischen und nachdenklichen Texte wurde Hartmut 1991 mit dem Fred-Jay-Textpreis belohnt – nach Jule Neigel und Rio Reiser. 2010 überreichte ihm der damalige Ministerpräsident Stefan Mappus den Verdienstorden des Landes Baden-Württemberg. Bis heute füllen PUR die großen Hallen, zehn Millionen Menschen haben die Konzerte in fast 40 Jahren Bandgeschichte gesehen. Und die Begeisterung ebbt nicht ab. Allein die Arena-Tour im Dezember 2018 erlebten 150 000 Menschen. 200 000 werden bei der Open-Air-Tour erwartet, die im Juni 2019 beginnt. Ja, Hartmut Engler müsste nicht mehr. Er liebt es, die Beine hochzulegen und dabei ein Bierchen zu trinken. Auf die Schulter klopft er sich selten. Und aufhören mit dem Plattenmachen? Es gab eine Zeit, da dachte er darüber nach. Da erlaubte er sich zumindest den Gedanken, was die Band wohl machen wird, wenn alle die 60 erreicht haben. Diese Zahl ist plötzlich nicht mehr so weit weg. Im November 2018 ist Hartmut 57 geworden. »Hätte mir mit zwanzig einer gesagt, da geht jetzt gleich ein 57-Jähriger auf die Bühne, hätte ich geantwortet: Die Rentner sollen doch Blasmusik hören.« Er lacht. Und freut sich darüber, dass das Alter heute keine große Rolle mehr spielt. 2014 in der Arena auf Schalke, da stand er mit Otto, Chris de Burgh und Chris Thompson auf der Bühne. »Die waren damals alle 66. Und ich war 53«, erinnert sich Hartmut und sagt: »Zack, plötzlich sind die siebzig!« Und immer noch gut im Geschäft. Für Hartmut ist das völlig okay. Peinlich findet er es, wenn man den Leuten ansieht, dass sie eigentlich lieber die Beine hochlegen würden, aber noch Geld verdienen müssen. »Wenn sie diesen Eindruck erwecken, dann tut's mir leid. Dann kratzt man selbst an dem schönen Bild, das man hätte hinterlassen können.« Für ihn ist es auch eine Frage der Gene, wie lange jemand im Showbiz glänzen kann. Die Stones zum Beispiel, die findet er faszinierend. »Ja, natürlich könnte man sagen, das Rumzucken dieser skelettartig gebauten Superhelden, das wird langsam peinlich. Andererseits: Was die ihrem Publikum noch bieten!« Dann kommt Hartmut auf Udo Jürgens zu sprechen, »der mit 80 noch wie der Grandseigneur am Klavier saß«, kurz vor seinem Tod. »Hätte man sich den Udo als alten Tattergreis vorstellen können mit 90, immer noch auf der Bühne?«, fragt er sich. »Der hätte nicht aufhören können. Er war ein grandioser Typ!« Hartmut und Udo kannten sich persönlich. In

Studentenzeiten hatte Hartmut als Beleuchter für ihn gearbeitet. Später liefen sie sich immer wieder bei Veranstaltungen über den Weg. Als Udo Jürgens seinen Sechzigsten feierte, waren PUR eine der auserwählten Bands, die ihm ein Ständchen sangen. Auch Udo Lindenberg, der mit 72 immer noch die Bühne rockt, findet Hartmut bemerkenswert. »Klar, wenn er trippelt, sieht es so aus, als ob er rennt, weil er so kurze Schritte macht. Aber er wurde immer unterschätzt. Schon mit Mitte 50 hat ihm keiner zugetraut, dass er die 60 überschreiten würde. Ich kann mich an Gerüchte erinnern, da hieß es, er habe einen Herzinfarkt, sei ständig in der Klinik. Es ist schon erstaunlich, wie er heute noch dasteht. Ich sag ja: die Gene.« Auf seine eigenen Gene verlässt sich Hartmut nicht. Lieber macht er Ausdauersport. Anders als sein Vater, der ab dem Rentenalter mit Kreislaufproblemen zu kämpfen hatte. Bei Hartmut zwickt's mal hier, mal da. Die Hüfte, die Knie. Bei der letzten Tour erwischte es die Bandscheiben. Das nimmt er als nicht beeinflussbaren Verschleiß hin und sorgt dafür, dass er in Form bleibt. Adrenalin hilft mitunter auch. »Was für ein toller Stoff, der bringt einen dazu, Dinge zu tun, zu denen man sonst vielleicht

nicht mehr in der Lage wäre. Mit Adrenalin geht alles!« Dass also auch PUR noch jenseits der 60 auf der Bühne stehen werden, scheint realistisch. Im Moment fühle es sich gut an, sagt Hartmut, auch mit Blick auf seine Kollegen. »Unser Ältester, Rudi, macht immer noch einen sehr fitten Eindruck.« Dass man es nicht immer selbst in der Hand hat, weiß Hartmut natürlich. Sein enger Bandkollege und Freund, der PUR-Mitgründer, Keyboarder und Komponist Ingo Reidl, kämpft seit über zwei Jahren gegen den Krebs.
Ein Tumor an der Wirbelsäule veränderte sein Leben schlagartig und macht es ihm bis heute unmöglich, lange auf der Bühne zu stehen. Ingo war gerade 55 geworden, als er die Diagnose erhielt. Hartmut war am Boden zerstört, als er davon hörte. 2018 sagte er der Zeitschrift Stern: »Ich habe geheult wie ein Schlosshund.« Ihm sei klar gewesen, dass das nichts war, was man schnell operiert, und alles sei wieder gut. Nun hoffen sie gemeinsam, dass Ingo die Krankheit besiegen und zurück auf die Bühne kommen wird. In ihre Mitte, wo sein Platz ist, immer gewesen ist. »Auch wenn er vielleicht nicht der Belastung einer kompletten Tournee gewachsen sein wird, hoffe ich, dass er dabei sein kann.« Dass PUR zuletzt 2015 einen Echo als erfolgreichste deutsche Band gewonnen haben und 2019 erneut die Goldene Kamera für die »Beste Musik National« entgegennehmen durften, hält Hartmut für ein Zeichen. »Wenn das so weitergeht, gibt's für uns keinen Grund zu sagen: Die nächste Platte wird die letzte sein.« Mindestens eine wird's noch geben, das hat er versprochen. Er wird 60 Jahre alt sein, wenn es so weit ist. »Man könnte sagen: Mit 61 spielen wir

auf Schalke das Abschiedskonzert.« Er schmunzelt und sieht nicht so aus, als meine er das ernst. »Vielleicht machen wir das Abschiedskonzert und dann drei Jahre nichts. Und dann gucken wir mal, ob das Nichtstun uns zufriedenstellt.«

3.
Wie Hartmut in der Sonne sitzt und ein Froschkonzert genießt

Ein Monat ist vergangen, seit er mit seinen Fans durch den Hochschwarzwald spazierte. Es ist Mitte Oktober 2018 – und Hartmut ist im Stress. Nachdem das Album »Zwischen den Welten« schnurstracks auf Platz 1 der Media-Control-Charts gelandet war, gönnt er sich kaum eine Pause. Eine Talkshow jagt die nächste, Zeitungen und Magazine drucken O-Ton-Interviews, alle wollen von ihm wissen, wie es sich anfühlt, nach fast 40 Jahren immer noch auf der Bühne zu stehen. Und was es mit den neuen Songs auf sich habe, für die er wie immer alle Texte geschrieben hat.

Es ist 11 Uhr am Morgen, und man merkt ihm den Medien-Marathon nicht an. Hartmut wirkt tiefenentspannt. Er hat einen Tag frei, will später noch kurz ins Fitnessstudio. Nicht in sein eigenes, das er sich in seinem Keller eingerichtet hat, sondern in einer Art ambulanten Reha »für gesundheitlich Gebeutelte«, wie er lachend sagt. Jetzt zieht es ihn in die Sonne. Vielleicht die letzte Chance in diesem Jahr, um nochmal im T-Shirt draußen zu sitzen. Und das will er sich nicht entgehen lassen, Hartmut ist ein Sonnenanbeter. Ein unvernünftiger, wie er zugibt.

Homestorys sind sein Ding nicht. Doch heute öffnet er bereitwillig das Tor zu seinem privaten Refugium, klemmt sich zwei Wasserflaschen unter den Arm und geht voran durch den Garten. Es ist ein parkähnliches Grundstück, durch das sich ein Bach schlängelt und hinter dem es nichts gibt außer Wald und Natur. »Alles ausgetrocknet«, sagt er und zeigt auf den Rasen, der nach den Hitzemonaten seine sattgrüne Farbe verloren hat. Normalerweise sei das ein einziges grünes Paradies, schwärmt er, während er dem Nachbarn zuwinkt, »mein Zahnarzt«. Hartmut organisiert Gartenstühle mit apricotfarbenen Bezügen. Er stellt sie vor einer niedrigen Steinmauer ab, die er spontan zum Tisch umfunktioniert. Lässig stützt er sein Bein darauf ab, blinzelt in die Sonne und ist bereit, von seinem Leben zu erzählen – vier Stunden lang. Er trinkt dabei literweise Wasser, lacht viel, keine Frage ist ihm zu privat. Hellwach wirkt er, und er formuliert Sätze, die druckreif sind, klug und wohlüberlegt. Nie haut er eine Antwort einfach so raus. Auf manchen Wörtern kaut er herum wie auf Kaugummi, lässt sie auf sich wirken und kommt zu dem Schluss, dass es Buchstabenkombinationen gibt, die einfach komisch klingen. Zwischendurch sagt er auch mal einen Satz auf Englisch, akzentfrei. Fast wäre er Englischlehrer geworden. Aber das ist eine andere Geschichte. Hartmut trägt ein buntes T-Shirt und an den Füßen wie so oft Turnschuhe, die alles sind, nur eins nicht: 08/15.

Wir sind nicht allein in der Engler'schen Idylle. Als es im Gartenteich lautstark quakt, erzählt Hartmut begeistert, dass hier drei Frösche leben. Winzig und neongrün. Auf der

Mauer neben uns sitzt ein Buddha aus Stein. 1997 hat Hartmut das Anwesen gekauft, als die PUR-Songs längst durch die Decke schossen und immer mehr Fans durchs Wohnzimmerfenster winkten. In Bietigheim sollten seine beiden Söhne in Ruhe aufwachsen können, und Hartmut konnte Hartmut sein, ohne dass ihm jemand zusah.

Als elektrische Heckenscheren im Nachbargarten eine Unterhaltung im Freien unmöglich machen, sprechen wir im Haus weiter, wo Hartmuts Katze Lucy uns Gesellschaft leistet. Vor 13 Jahren hat er sie von einem Bauernhof geholt. Wir sitzen am Esstisch, und während Hartmut sein Leben Revue passieren lässt, streichelt er Lucys schwarz-weißes Fell. Sie hat sich auf seinem Schoß zusammengerollt. Dass sie zwischendurch auf den Tisch springt, lässt er ihr durchgehen und auch ein paar Kratzer auf dem Stuhl. Materieller Besitz hat keine große Bedeutung für Hartmut. Luxus ist für ihn, keinen Chef vor der Nase zu haben, der ihm sagt, was er zu tun hat. Und: jederzeit an jeden erdenklichen Ort in dieser Welt reisen zu können. Urlaube in Thailand oder auf den Malediven, die gönne er sich, sagt er. Und man spürt, dass er sich auf die nächste Auszeit freut, wenn er die Interviews zum neuen Album und die große Arena-Tour im Dezember 2018 gemeistert hat. Mit dem Reisebüro hat er die Tage zuvor schon telefoniert. Spätestens im März zieht es Hartmut ins Warme. Auf den Malediven, da sei ja fast niemand, vor allem auf den kleinen Inseln. »Ich muss zugeben, da spare ich überhaupt nicht. Da möchte ich einen sorglosen, ja, einen Luxusurlaub haben. Und zwar dort, wo es heißt: No shoes, no news.«

Es gibt noch etwas, das er sich gönnt: gutes Essen. Das ist ein Thema, über das man sich mit Hartmut sehr gut unterhalten kann. Der Mann isst gern. Und, nein, man sieht es ihm schon lange nicht mehr an. Brachte er in den 90ern zeitweise 103 Kilo auf die Waage, achtet er heute darauf, dass ihm das nicht nochmal passiert. Er ist schlank, aber »drei Kilo müssen noch runter bis zur Tour«, hat er beschlossen. Dass er das hinbekommt, ist für ihn keine Frage. Er macht Sport, manchmal sechsmal in der Woche, und er ernährt sich zeitweise von Tiefkühlgerichten, von denen er die genaue Kalorienzahl kennt. Kochen kann er sowieso nicht gut, das überlässt er seiner Katrin, während er den Tisch deckt. Oder er geht essen. Dann ist er ein Genießer, der nicht darüber nachdenkt, wie sich das kulinarische Vergnügen später auf der Waage niederschlagen wird.

Vor gar nicht allzu langer Zeit ist er zweieinhalbtausend Kilometer im Jahr gelaufen. Seit 1997 also quasi einmal um die Welt. Das war, bevor er wegen einer Fehlstellung Ende 2016 eine künstliche Hüfte bekam. Irre Schmerzen waren das, in einer Zeit, in der er viele Verpflichtungen hatte. Nur mit Schmerzmitteln schaffte er die Konzerte und TV-Auftritte. »Wir haben in Ischgl noch die Season Opening gespielt, zwei Tage später war ich im Krankenhaus.« Weil er auf hartem Beton nicht mehr joggen soll, fährt er nun Rad, schwimmt und macht Crosstraining. Und dann kommt wieder so ein Hartmut-Satz, der schön ist und nachwirkt: »Nach einer Stunde Sport ist man ein besserer Mensch.« Zweimal im Jahr fastet er, um sein Gewicht zu halten. Beim allerersten Mal hat er 23 Tage ohne Essen durchgehalten –

heute reichen ihm die üblichen Heilfastenwochen. Hartmut sagt, so was gehe nur in Zeiten, in denen er keine Interviews geben und sich nicht zu sehr konzentrieren müsse. Heute ist er konzentriert. Und er ist einverstanden damit, ein paar Fragen zu beantworten, die er nicht alle Tage gestellt bekommt.

Gibt es eine Eigenschaft, die du gerne hättest, aber nicht hast?

Ich wäre gerne mutiger bei gefährlichen Sachen.

Wie muss ein Mensch sein, damit du ihn magst?

Ehrlich, humorvoll, schlau. Nicht intelligent, aber schlau.

Mit wem würdest du gerne zu Abend essen?

Paul McCartney.

Welche verstorbene Berühmtheit würdest du gerne auferstehen lassen?

John Lennon.

Mit wem gerne mal tauschen für einen Tag?

Mit keinem. Das mag jetzt komisch klingen, aber ich weiß ja nicht, was für Probleme die anderen mit sich rumtragen, und meine kenne ich.

Findest du es leicht, ein guter Mensch zu sein?

Ich finde es leichter, ein guter als ein schlechter Mensch zu sein.

Wenn du nochmal geboren werden würdest, würdest du etwas anders machen?

An ein paar Stellen würde ich die Stellschrauben etwas anders anziehen. Das wären hauptsächlich private Änderungen. Ich denke, beruflich hätte ich nichts anders gemacht.

Bist du ungeduldig?

Ja, früher mehr als heute.

Verletzlich?

Ja, früher mehr als heute.

Besserwisserisch?

Früher mehr als heute, aber durchaus ja. Vor allem, wenn es um Sprache geht. Ich korrigiere viele Menschen. Ich wäre ja fast Deutschlehrer geworden.

Ein guter?

Das kommt drauf an, wie ich langfristig mit dem frühen Aufstehen zurechtgekommen wäre.

Bist du romantisch?

Ja. Mond, Sonne, Himmel, Wetter, da bin ich komplett begeisterungsfähig. Candlelight-Dinners. Ach, da kann ich hemmungslos romantisch sein.

Auch mal fies?

Dann muss man genau wissen, wie man mich provoziert. Ansonsten habe ich keine Freude dran.

Bist du lustig?

Ja, mitunter. Aber nicht auf Kommando.

Kannst du über dich selber lachen?

Ja, unbedingt! Gar kein Problem.

Wo sitzt du im Flugzeug am liebsten?

Viel lieber Business als Economy, das gebe ich zu. Ob vorne oder hinten ist mir relativ egal.

Klatschst du nach der Landung?

Eher nicht.

Was hast du zuletzt geschenkt?

Ein grandioses Lächeln im Supermarkt. Der Dame, die mich abkassiert hat. Das wird grundsätzlich unterschätzt.

Was nimmt man dir krumm?

Wenn ich Leute unterbreche, die mir gerade was erzählen wollen.

Was hast du zuletzt fotografiert?

Meine Katze, mein Hauptmodel.

37 oder 17 Grad?

37 – das ist zwar schon hart, aber trotzdem besser.

Wem hast du zuletzt den Mittelfinger gezeigt?

Ich kann mich nicht entsinnen, den wirklich in voller Anerkennung der Bedeutung gezeigt zu haben. Wenn, dann just for fun.

Stilles Wasser oder mit Kohlensäure? Mit.

Wie magst du dein Frühstücksei am liebsten?

Rührei mit Kochschinken und Ketchup.

Dein Traumberuf als Kind?

Fußballstar.

Was denkst du über deinen Vornamen?

Zu konsonantisch, zu kantig.

Welchen hättest du dir selbst ausgesucht?

Da hab ich noch nie drüber nachgedacht.

Doch, in der TV-Sendung »Zimmer frei« vor vielen Jahren hast du darüber geredet. Da wärst du gern ein Jean-Pierre gewesen, hast du gesagt.

(Er lacht laut.) Das war spontaner Blödsinn, das weiß ich gar nicht mehr. Frankophil bin ich ganz und gar nicht, weil ich kein Wort Französisch spreche. Ich finde das klasse, wie Jörg Weber zum Joe Crawford wurde. Jörg … (betont das G). Was ist das eigentlich für ein Name? Dann lieber was Weiches wie Ken.

Ernsthaft? Wie der Barbie-Mann?

Mit 'nem John hätte ich mich ganz gut fühlen können. Mein Papa hieß Johann, das wäre gar nicht so abwegig.

Welche Hoffnung hast du aufgegeben?

Dass ich nochmal jünger werde. Das Thema schiebe ich noch gut weg. Man merkt's am Körperzustand. Am Mentalzustand merke ich nichts. Da fühle ich mich nicht älter. Ich fühle mich weder geistig träger noch gelangweilt. Und zynisch werde ich auch nicht.

Wo bewahrst du deine Preise auf?

So gut wie alle im Keller – ich habe einen großen. Die goldenen Platten hängen am Treppenaufgang. Wenn ich die Kellertreppe runtergehe, sehe ich die Abenteuerland-Vierfach-Platin-Schallplatte für über zwei Millionen, das ist die größte Auszeichnung. Um die Ecke stehen die fünf Echos, auf die ich stolz bin, auch wenn der Echo schändlich geendet hat, und der Bambi.

Von welchem Kleidungsstück würdest du dich niemals trennen?

Kein Kleidungsstück sollte so wichtig sein.

4.
Was Hartmut von seinem Bruder gelernt hat

Dass er mal Fans haben würde, die ihn ein Musikerleben lang begleiten, wer hätte das ahnen können? Seine große Schwester Ute vielleicht? Die mal in eine Fernsehkamera sagte: »Der Hartmut, der wollte schon mit zwei Jahren ein Star werden.« Er selbst erinnert sich daran nicht mehr. Wie er als kleiner Bub Heintje-Lieder imitierte und weibliche Verwandte damit zu Tränen rührte oder auf dem Teppichklopfer Gitarre spielte und dazu »Schlappschuh, yeah, yeah, yeah« trällerte, um seinen älteren Bruder Hans-Peter, den Beatles-Fan, zu beeindrucken, das weiß er noch. Sein Bruder war es, der ihm gewissermaßen den Weg ebnete. Der Hartmut Songs von den Stones und den Beatles um die Ohren knallte. Der zu Hause rebellierte gegen das spießige bürgerliche Leben. Der in mehreren Rockbands spielte. Mit langen Haaren und einer Kippe im Mund.

Wie hat Hartmut dieses Leben geprägt? PUR-Fans wissen darüber ganz gut Bescheid. Denn Hartmut schreibt oft und gerne über Menschen, die ihm nahestehen. An seinen Vater Johann, der Ende 2001 im Alter von 78 Jahren starb, erinnert er sich in »Walzer für dich«. Seiner Mutter Anna widmete er zwei Lieder. »Anni« schrieb er ihr zum 90. Geburtstag und lieferte damit die Fortsetzung zu »Wenn sie diesen Tango hört«. Für Hartmut spiegeln die Lieder 90 Jahre deutsche Geschichte aus Sicht einer alten Dame. In den Zeilen steckt viel Liebe und Respekt. Hartmut ist mit dem Bewusstsein aufgewachsen, dass die Familie wertvoll ist und zusammenhält. Als er Anni den Song vorspielte, verdrückte sie ein paar Tränen und sagte: »Bub, das hast du schön gemacht.« Von ihr hat Hartmut seine markante Nase, die er übrigens nicht tauschen würde. Wer wissen möchte, wie er über sie denkt, braucht sich nur das »Lied für all die Vergessenen« anzuhören. Darin dankt er seinen Eltern, die sich selbst nicht so wichtig nahmen. Seine Mutter beschreibt Hartmut so:

Hast mich still und geduldig
Verwöhnt und beschenkt
Das war so völlig selbstlos
Als wäre das normal
Geboren, erzogen, geschützt und geliebt
Ja, du warst immer da

Die Wölfin, die ihr Junges verteidigt und schützt
Und vermutlich in der Not auch ihr Blut gibt …

Hartmuts Eltern waren Flüchtlinge – ihr Schicksal bewegt ihn bis heute. Wie es sich anfühlt, seine Heimat zu verlieren und in einem fremden Land nochmal von vorne beginnen zu müssen, das hat er sich oft gefragt und dieses Thema in zahlreichen Interviews vertieft. Anna und Johann wurden beide nach dem Zweiten Weltkrieg aus ihrer Heimat vertrieben. Anna war auf einem Bauernhof im Sudetenland groß geworden, Johann stammte aus Ungarn, wo er in der Nähe von Budapest aufgewachsen war. Sie war zwanzig, er zwei Jahre älter, als alles nochmal auf Anfang gestellt wurde. Natürlich kannten sie sich damals noch nicht. Anna kam mit nichts als zwei Taschen am Bietigheimer Bahnhof an. Man hatte sie in den Zug gesetzt. Enteignet. In den Wochen vor der Vertreibung hatte sie sich aus Angst vor Vergewaltigung und Mord unter Brücken versteckt, auf denen die Russen einmarschierten. Johann kam mit mehreren Verwandten nach Ingersheim. 1947 kreuzten sich die Wege von Hartmuts Eltern. Sie gingen tanzen – und hielten bis zu ihrem Lebensende aneinander fest. Beide fanden Arbeit. Johann als Büroangestellter, Anna in einer Matratzenfabrik. 1948 heirateten sie und mieteten eine kleine Wohnung in Ingersheim. Hartmut weiß von seinen Eltern, dass sie sich von Anfang an wohlfühlten in diesem überschaubaren Dorf. »Die Flüchtlinge, die schon früher nach Ingersheim gekommen waren, waren bereits integriert«, sagt er. »Sie hatten sich schnell angefreundet mit dem Kern der Dorfbevölkerung.« Mit den Kindern – 1949 kam Hartmuts Bruder zur Welt, 1953 seine Schwester – wuchs der Wunsch nach einem eigenen Haus. Mit Hilfe des sozialen Siedlungsbaus (er stellte Aussiedlern 20 000 DM als zinslosen Kredit zur Verfügung) und einer kleinen Anzahlung erfüllten sich Anna und Johann ihren Traum. 50 000 Mark bezahlten sie für ihr zweigeschossiges Häuschen mit kleinem Garten und einem ordentlichen Schuppen, wie es sich in einem schwäbischen Dorf gehörte. Hier kam Hartmut im November 1961 zur Welt, freilich nicht im Schuppen, sondern im Wohnzimmer auf dem Sofa. Die Familie bewohnte nicht das ganze Haus. Einige Jahre teilte sie sich 60 Quadratmeter im Erdgeschoss, die obere Etage vermietete sie. Weniger als 3000 Menschen wohnten damals in Ingersheim – heute sind es mehr als doppelt so viele. Wenn eine Gemeinde mit Fug und Recht von sich behaupten kann, idyllisch zu sein, dann ist das wohl Ingersheim. Wo Wasser ist, da ist's meist schön. Das Dörflein liegt am Neckar-Ufer, drum herum nichts als Wiesen, Felder, Weinberge. Nicht nur Hartmut ist hier ein Star, auch Schloss und Kirche kamen bereits groß raus, als Drehorte für die SWR-Serie »Die Kirche bleibt im Dorf«. Noch mehr Schlagzeilen war den Zeitungen allerdings der Sturm wert, den ein Teil der Ingersheimer um ein geplantes Windrad machte. Jahrelang hatte eine extra gegründete Initiative dagegen demonstriert. Vergeblich.

Das Geld im Hause Engler war knapp. Und Hartmuts Familie kreativ im Sparen. Liebe gab es im Überfluss, Schokolade nur samstags, nachdem alle gebadet hatten – im selben Wasser versteht sich. Essen wurde niemals weggeworfen, und ging etwas zu Bruch, wurde es repariert. Ein Auto konnte sich Hartmuts Vater erst leisten, als er 45 Jahre alt war. All das hat Hartmut geprägt und ihn nie vergessen lassen, woher er kommt. »Die Eltern vererben ihr Trauma an ihre Kinder«, ist er überzeugt. »Nie Urlaub, nie Restaurant, vielleicht bei der Konfirmation, und da gab's dann gemischten Braten mit Spätzle und davor Hochzeitssuppe.

Das hatte ich vielleicht drei oder vier Mal.« Bis er 15 war, hatte er noch nie eine Pizzeria von innen gesehen.

Von der Sparsamkeit versucht Hartmut sich heute komplett zu lösen, »was schwierig ist, wenn man so aufgewachsen ist wie ich. Man versucht sein ganzes Leben lang, das richtige Maß zu finden, wofür man viel Geld ausgibt und wofür nicht«. Mit dem Wohlstand, der ihm zuteilgeworden ist »durch glückliche Fügungen und dadurch, dass es einfach so gut gelaufen ist«, hat Hartmut nie gerechnet.
»Ich versuche, nicht knauserig und vor allem nicht geizig zu sein«, sagt er. Er trinke keinen schlechten Wein, und im Laufe der Jahre hat er sich mit dem Haus in Bietigheim und einem Domizil auf Mallorca zwei Rückzugsmöglichkeiten geschaffen. »Nirgendwo sonst bin ich so alleine und habe meine Ruhe, wenn ich das Gartentor zumache.« Freunde beschreiben ihn als äußerst großzügig. Im Restaurant übernimmt Hartmut selbstverständlich die Rechnung, wenn er weiß, dass sein Gegenüber weniger Geld verdient als er – »und das sind in meinem Umfeld viele«.

Hartmuts Welt in Ingersheim war überschaubar. Der Kindergarten befand sich gleich gegenüber von seinem Elternhaus in der Ortsmitte. Unterhalb vom Kindergarten war der Bolzplatz, er nennt ihn sein zweites Zuhause. Später erweiterte Hartmut seinen Radius um eine Straße – am Ende des Bolzplatzes begann das Schulgelände. Und er findet: »In einem halben Quadratkilometer war mein Leben gut aufgehoben.« Auch wenn er heute im fünf Kilometer entfernten Bietigheim-Bissingen wohnt, hat Hartmut weiterhin einen guten Draht zu seinem Geburtsort. Seine Eltern waren Mitglieder in der Singgemeinschaft. Hartmut entschied sich nach einem kurzen Intermezzo im Chor gegen diese Art des Singens. Wenn er mit seiner Stimme experimentierte, dann wild und hemmungslos. Noch lieber war ihm ohnehin der Fußballverein. Bis er 18 wurde, kickte er aktiv beim SKV Ingersheim. Den Mitgliedsbeitrag bezahlt er immer noch pünktlich – seit mittlerweile 50 Jahren. Wäre er nicht Popstar geworden, Hartmut hätte nichts dagegen gehabt, seine Brötchen als Fußballer zu verdienen. Diesen Traum teilte er mit seinen Kumpels. »Ich hatte viel Kontakt zu anderen Kindern, der Nachbarjunge war mein bester Freund«, erzählt er. Meistens spielten die Kinder auf der Straße. Verstecken und Rollschuh-Hockey. Doch so gesellig er war, Hartmut kam auch gut allein zurecht. Weil seine Geschwister deutlich älter waren als er, zog er sich oft in den Keller zurück, um Cowboy und Indianer zu spielen. Eine Stadt, stilecht mit Saloon, Blacksmith und Bank, hatte er sich dort aufgebaut und widmete sich den Figuren mit Hingabe, das weiß er noch. »Bei schlechtem Wetter habe ich mich dort vergraben.« Bis er die Stimme seiner Mutter hörte. »Essen ist fertig!« Wie gesagt, im Hause Engler wurde nichts weggeworfen. Für Hartmut hieß das, dass er so lange sitzen bleiben musste, bis sein Teller leer war. Das konnte dauern. Vor allem, wenn es Stachelbeersoße gab. »Meine Mama musste sich auf Wunsch meines Papas ein paar Sachen von der Oma abgucken. Das hat mir aber nicht alles so tierisch gut geschmeckt.« Letscho etwa, ein ungarisches Schmorgericht aus Speck, Paprika, Tomaten und Zwiebeln. Oder eben jene säuerliche Stachelbeersoße, von der dem Buben schon vom Riechen schlecht wurde. »Da wusste ich: Das wird ein furchtbares Mittagessen, das ich nicht runterkriegen werde.« Was dagegen immer ging: Grießbrei mit eingemachten Kirschen und Himbeeren. Der schmeckte nicht nur himmlisch, er kostete auch nicht viel, weil die Früchte im Garten wuchsen. Die typisch schwäbische Küche gab's bei Englers selten. Makkaroni mit Tomatensoße mochte Hartmut sowieso lieber als Spätzle. Er liebte es, die rote Pampe geräuschvoll durch die Nudeln zu saugen. Wenn Fleisch auf den Tisch kam, war es billig. Und eklig. Fand zumindest Hartmut. Wiener Schnitzel wirkte lange abstoßend auf ihn. »Da waren immer diese Sehnen, die ich wegschneiden wollte.« Dafür hatte sein Vater kein Verständnis. Er schimpfte, nahm ihm das Fleisch vom Teller und aß es selbst. »Sei doch nicht dumm! Junge, das ist doch das Beste.« Auch von Schinken wurde Hartmut jahrelang übel. Der Speiseplan in seiner Kindheit war geprägt von Gerichten, die schnell satt machten. Anna und Johann hatten nie vergessen, wie sich Hunger anfühlt.

Hartmut fehlte nichts. Er spricht von einer schönen Kindheit, trotz ständiger Streitereien am Engler'schen Mittagstisch. »Die habe ich irgendwie gut verdrängt.« Sobald die Teller dampften, begannen die nicht enden wollenden Diskussionen. Und das keineswegs, weil das Nesthäkchen nicht aufessen wollte. Vielmehr war Hans-Peter der Grund, weil er es wagte, die gesamte Weltanschauung seiner Eltern auseinanderzunehmen und auch die katholische Kirche in Frage zu stellen, deren Regeln die beiden bedingungslos folgten. Hartmut saß dazwischen und sog alles in sich auf, was er zu hören bekam. Hans-Peter ließ sich nicht beirren. Er machte sein Ding. Erst brach er die Schule ab, um das Abi später doch noch nachzuholen. Er ging an die Uni, ließ sich zum Tierpfleger ausbilden und wurde schließlich Lehrer an einer Waldorfschule. Während dieses ganzen Hin und Her hatte er nicht aufgehört, Musik zu machen. Neidisch auf Hartmuts Erfolg war er nie. »Er sagt mir immer, er sei froh, dass ihn das nicht getroffen hat, weil er damit nicht hätte umgehen können. Er wäre auf der Strecke geblieben, bei all den Möglichkeiten vermutlich untergegangen, erzählt Hartmut. Hans-Peter geht mittlerweile auf die 70 zu. »Mein rockiger, flippiger Bruder wird ein alter Mann.« Ein cooler alter Mann?

»Natürlich.«

Ein Bücherwurm sei er, noch eine Leidenschaft, die er mit seinem jüngeren Bruder teilt. Und Musik macht er noch immer, wenn auch nicht auf einer Bühne. Mittlerweile präsentiert er seine Songs auf YouTube. Hartmut hat viel Respekt für ihn übrig: »Mein Bruder ist Anthroposoph. Ein spannender Mensch, der sehr belesen ist und mir ganz viel mit auf den Weg gegeben hat.«

Dass Hartmuts Schwester Ute sich mit 16 ausgerechnet in einen Rockmusiker verliebte, trug nicht zur Familienharmonie bei. Es war der Anfang vom Ende. »Sie zog dann schnell aus, weil mein Vater sie quasi aus dem Haus getrieben hat mit der Ansage: Entweder du lässt das mit dem oder du gehst«, erinnert sich Hartmut, der damals ziemlich sauer auf seinen Papa war. »Ute hat mir gefehlt, weil sie sich am meisten mit mir abgegeben hat. Sie hat mich bemuttert und auf mich aufgepasst.« Bis heute hat er ein inniges Verhältnis zu seiner Schwester. In den Anfangsjahren von PUR stand sie als Backgroundsängerin neben ihm auf der Bühne. Sie hat drei Söhne großgezogen und hält heute als Haushälterin Hartmuts Villa in Ordnung. Nach wie vor ist sie auf Tour dabei und sorgt dafür, dass alle Musiker in saubere Bühnenklamotten schlüpfen können. Und: Sie singt in einem Gospelchor. Wenn er Zeit hat, sitzt Hartmut bei ihren Auftritten im Publikum.

Das sonntägliche Mittagessen fand plötzlich ohne Ute statt. Diskutiert aber wurde weiterhin. Bald war auch Hartmut nicht mehr nur stummer Zuhörer, er mischte mit. »Ich begann, genau wie mein Bruder, Dinge zu hinterfragen, sobald ich politisch denken konnte«, sagt er. »Da war ich zwölf.«

Als Jüngster der Familie hatte Hartmut es leichter als seine großen Geschwister, glaubt er. Sein Vater hatte jahrelang so viele verbale Kämpfe geführt, dass er vermutlich schlicht zu erschöpft war, um sich an dieser Intensität weiter zu reiben. Seine Ansprüche aber, die waren hoch. Nicht nur an sich selbst beim millimetergenauen Rasentrimmen. Kam Hartmut als Klassenbester mit einem Diktat nach Hause, in dem er nur einen Fehler gemacht hatte, musste er sich die Frage gefallen lassen, ob denn dieser Fehler hatte sein müssen. »Wenn jemand hundertprozentig perfekt ist, kann er das ja erwarten. Aber das war er nicht.« Er sei ein guter, liebenswürdiger und freundlicher Mensch gewesen, stellt er klar. »Niemals aufbrausend. Aber er hatte etwas an sich, mit dem er anderen auf die Nerven ging.« Hartmuts Onkel zum Beispiel. Der war handwerklich begabt und tapezierte hin und wieder die Wände im Hause Engler. Vater Johann stand mit wachem Blick daneben, selbst mit zwei linken Händen gesegnet, reichte ihm die Werkzeuge und sagte ihm, was er falsch machte. Als Hartmut in Ingersheim viele Jahre später ein eigenes Haus bauen ließ, dasselbe Spiel. »Da hat er den Baggerführer ständig darauf hingewiesen, dass er bitte nicht an der falschen Stelle das Loch ausheben soll. Es gab dann eine Krisensitzung, und da hieß es: Wenn Ihr Vater sich noch einmal einmischt, legen wir die Arbeit nieder.« Ob Hartmut trotz aller Meinungsverschiedenheiten etwas von seinen Eltern in sich selbst erkennt? »Ich lasse sehr gerne Dinge zu, die mir an meinen Eltern gefallen haben. Sie sind beide voll in mir drin.« Gegen manches aber kämpft er an. Gegen das Nicht-Loben zum Beispiel oder das Besserwisserische.

Auch in der Schule war Hartmut nicht auf den Mund gefallen. Seine Meinung zu sagen, das hatte er zu Hause von Hans-Peter gelernt. Er war ein guter Schüler, der sich nicht besonders anstrengen musste, um zu glänzen. Deutsch und Englisch waren seine besten Fächer, für Mathe, Chemie und Physik hatte er nichts übrig. Seine eigenen Söhne, erzählt er, seien merkwürdigerweise beide gut in Mathe. »Das können sie nur von ihrer Mutter haben.«

Als er von der Grundschule im beschaulichen Ingersheim ans Ellental-Gymnasium im deutlich größeren Bietigheim wechselte, eröffnete sich ihm eine neue Welt. Fortan nannten ihn die Ingersheimer Buben, mit denen er weiterhin Fußball spielte, »Professor«. Hartmut wurde zum

Klassensprecher gewählt, und er nahm seine Rolle ernst. Als einer, der Ungerechtigkeiten nicht ertragen konnte, sowieso. Er selbst sagt dazu, dass er immer den Drang gehabt habe, sich von anderen abzuheben. »Ich wollte auch in der Gruppe derjenige sein, der mehr Ausstrahlung hat, der mehr Applaus bekommt.« Auf dem Fußballplatz sei er gerne der Zehner gewesen, »auch wenn ich's von der Leistung nicht immer gebracht habe. Aber wenn's gut lief, war ich derjenige, der ein bisschen rumstolzierte.«

Martin Müller, bis heute einer seiner engsten Freunde, störte das nicht. Er erinnert sich an einen langhaarigen Hartmut, der aussah wie ein Mädchen, immer nett schaute und wie er selbst einen ziemlich großen Zinken hatte. Was staunte Martin, als dieses »Mädchen« vor der Sportstunde in die Umkleidekabine der Jungs abbog. »Das ist ja ein Kerle!«, schoss es ihm durch den hochroten Kopf. Sie wurden Freunde. Martin fühlte sich von Hartmut wertgeschätzt, er verbrachte gerne Zeit mit den Englers. »Ich war ein verunsichertes Kind, schüchterner als Hartmut, mein Vater schlug mich.« Oft fuhr Martin mit dem Fahrrad – später mit dem Mofa – von Bietigheim nach Ingersheim, wo die Jungs kickten und sich über die Gemeinheiten der Welt austauschten. Mädchen waren ein großes Thema und die strengen Väter, denen man es recht machen musste. Martin war Stammgast am Mittagstisch der Familie Engler und weiß noch, wie Hartmuts Mutter Anna ihm immer zwei Portionen auf den Teller schaufelte, damit der Bub auch ja satt wurde. Er weiß auch noch, dass Hartmut nie in den Urlaub fuhr, aber dennoch braungebrannt aus den Ferien zurückkehrte. Wenn der Lehrer sie Bilder vom Urlaub zeichnen ließ, malte Hartmut das Freibad. Apropos: Martin ist farbenblind, weshalb er seine Stifte beschriftet hat. In der sechsten Klasse vertauschte Hartmut die Aufkleber. »Ich bekam eine 6 in Kunst. Da stand Hartmut auf und sagte: ›Das war ich. Es tut mir leid.‹« Auch als der Erdkundelehrer seinem besten Freund wegen eines frechen Kommentars eine scheuerte, erhob sich Hartmut und rief: »Kommt Leute, wir gehen!« In der siebten Klasse war das, alle folgten ihm nach draußen. Den Streik beendeten die Schüler erst, nachdem sich der Lehrer bei Martin entschuldigt hatte.

Das macht Hartmut heute noch: sich für Schwächere einsetzen. Aufstehen. Seine Meinung sagen. Vor allem wenn es um die Flüchtlingspolitik geht, nimmt er kein Blatt vor den Mund. Da gerät er mitunter so in Wallung, dass er laut werden kann. Oder um Worte ringt, weil ihn manches fassungslos macht. Der Zeitschrift OK! sagte Hartmut in einem Interview: »Wir sind von einer Begrüßungskultur zu 80 Millionen verängstigten Menschen geworden, die sich nicht zutrauen, eine Million Menschen zu integrieren. Nach dem Fall der Mauer haben wir ganz anderes bewältigen müssen und haben das auch geschafft. Ich habe Angst, was die Zukunft angeht. Und das ärgert mich. Wir haben in Washington, in Ankara, in Moskau und in Pjöngjang merkwürdige Menschen sitzen, die die Politik der ganzen Welt bestimmen. Ich habe Angst, dass es bei uns eines Tages auch dazu kommt. Wir müssen uns darüber klar werden, dass diese Ängste, die wir haben, gar nicht existieren, sondern nur geschürt werden. Wir müssen zusammenhalten, denn wir sind die klare Mehrheit. Wir haben Toleranz, Achtung und Respekt. Das ist in einer Demokratie sehr wichtig. Ich hoffe, dass wenn wir alle zusammenstehen, sich das Blatt wendet und irgendwann wieder vernünftige Politik gemacht wird – anstatt sich permanent nur zu streiten.« In Hartmuts Elternhaus wohnt heute eine syrische Flüchtlingsfamilie zur Miete. Für ihn nicht der Rede wert. »Das ist nichts Besonderes. Meine Eltern waren Flüchtlinge. Jetzt leben wieder Flüchtlinge im Haus.« Er kennt die Familie persönlich. Seine anfängliche Sorge, die Ingersheimer könnten das befremdlich finden, erwies sich als unbegründet. »Es hat sich nie jemand beschwert, im Gegenteil.« Tatsächlich unterstützen die Dorfbewohner ihre neuen Nachbarn tatkräftig, besorgen ihnen Fahrräder und integrieren sie in die Dorfgemeinschaft. Hartmut erkundigt sich regelmäßig, wie's läuft. Seine Schwester Ute unterstützt die Mieter bei der Gartenarbeit.

Hartmut diskutiert gerne über Politik. Manchmal stößt er dabei an Grenzen. Nämlich dann, wenn »jemand sich ausschließlich im Internet informiert und nicht in der Lage ist, zu prüfen, ob das stimmt, was er da liest. Dann ist eine Auseinandersetzung auf einer intellektuellen Ebene nicht mehr möglich. Da weißt du ja nicht mehr, was du sagen sollst. Da stehen Leute auf der Straße und pöbeln unsere Minister, unsere Frau Merkel an, beschimpfen sie, beleidigen sie. Was ist denn das für ein Umgang? Was sind das für Menschen? Wo haben die ihre Hemmschwelle? Da bekomme ich Angst. Ja, über solche Menschen bin ich empört. Und ich bin kein Merkel-Wähler.« Fast redet er sich in Rage.

Würde er für seine Überzeugung auf die Straße gehen? »Wenn ich das Gefühl hätte, dass es was nützt und es eine groß angelegte Sache ist, schon.« Beim Konzert gegen Rechts im September 2018 in Chemnitz hätte er gerne mitgemacht. Er hält es für wichtig, Konsens zu zeigen. Dass die AfD eine immer größere Rolle spielt, beschäftigt ihn. Kürzlich hat er sich eine Dokumentation in der ARD angeschaut, in der eine Journalistin berichtete, »wie sich der

Gauland bei internen Veranstaltungen ohne Presse verhält. Da redet der Mensch in einem völlig anderen Sprachduktus. Der kommt hier so sauber rüber, weil er nicht dumm ist, sondern sprachgewandt. Wenn er unter Freunden ist, dann klingt das anders.« Noch boome die Wirtschaft. Wenn sie das nicht mehr tue, müsse man sich Sorgen machen. »Wenn's den Leuten an den Geldbeutel geht, sind sie noch leichter verführbar. Was ich nicht begreife: Dass in einem Land wie Baden-Württemberg mit quasi Vollbeschäftigung und einem Lebensstandard, der auf der ganzen Welt seinesgleichen sucht, 15 Prozent den Schwachsinn wählen. Da würde ich am liebsten jeden Einzelnen wachrütteln und ihm sagen: Denk doch mal nach!«

Auch als Jugendlicher hat sich Hartmut Gedanken über die Welt gemacht. Diese ernste Seite hielt ihn jedoch nicht davon ab, im Schullandheim in Tirol am laufenden Band Witze zu reißen oder ununterbrochen vor sich hin zu singen, auch wenn er die anderen damit manchmal in den Wahnsinn trieb. Englisch hingegen lernte er mit großer Ernsthaftigkeit, was sicher auch daran lag, so erzählt es sein Freund Martin, dass die junge Lehrerin so lieb lächelte.

»Sie roch gut, sah gut aus. Hartmut stand auf sie. Eigentlich taten das alle Jungs.« Also pilgerten sie hin und wieder nach Kleiningersheim zu ihrem Haus, um nachzusehen, ob sie daheim war. Abends bei der Schulfete, kurz vorm Abitur, sang Hartmut »Angie« – in Rockstarmanier. Selbstverständlich mit geschlossenen Augen und viel Gefühl. Martin behauptet, dass auch die Lehrerin schwer beeindruckt gewesen sei.

Zu diesem Zeitpunkt sang Hartmut bereits in einer Band. Seiner Band. Die hieß zwar damals noch nicht PUR, war aber auf dem besten Weg, die erfolgreichste Schülerband Deutschlands zu werden. Wer hätte das ahnen können? Ute vielleicht?

5.
Wie Hartmut wurde, was er ist oder die Geburt eines Frontmanns

Vom Fan zum Frontmann. Von der Schülerband zum erfolgreichsten deutschen Pop-Act. Was Hartmut bevorstand, hätte er nicht zu träumen gewagt. Ein Star zu werden war nie sein Ziel. Er wollte von der Musik leben können, niemals abhängig sein müssen von einem mies gelaunten Chef, das ja. Aber ganz oben stehen? Sich von Massen bejubeln lassen? So was passierte keiner Schülerband aus Bietigheim-Bissingen! Heute ist er das Gesicht von PUR, reist kreuz und quer durch die Republik, und es gibt wohl nur wenige, die Hartmut nicht aus dem Fernsehen kennen und keinen der PUR-Ohrwürmer mitgeträllert haben.

Die Geschichte einer der erfolgreichsten deutschen Bands beginnt 1975 im Bietigheimer Stadtteil Buch. Ein Ortsteil, der bekannt ist für seine schmucklosen Hochhäuser. Der seine schönen Seiten erst nach dem dritten Blick preisgibt und auch dann nur, wenn man genau hinsieht. Hier probte eine Band unermüdlich, um den Olymp des Rock 'n' Roll zu erobern. Und: um möglichst viele Mädchen auf sich aufmerksam zu machen. *Crusade* nannten sich die Jungen – Kreuzritter. Ingo Reidl und Roland Bless kannten sich bereits aus Kindergartenzeiten und waren so versessen darauf, auf der Bühne zu stehen, dass sie mit ein paar Kumpels bereits ein Jahr später ein beachtliches Repertoire an Coverversionen und eigenen Songs zusammengestellt hatten. Sie brachten Hits von Neil Young, Free und den Beatles in die Jugendhäuser der Umgebung und schafften es durch ihre ständige Präsenz auch auf das eine oder andere Rock-Festival. Plötzlich standen da Fans. Der größte hieß: Hartmut. Und war damals 14 Jahre jung. Ein Einser-Schüler mit einem wachen Blick auf die Welt, der mit seinem Mofa von Dorf zu Dorf knatterte, um ja keinen Auftritt zu verpassen. Als Roland eines Abends ins Publikum hinunter fragte, ob ihm jemand seine Jacke zum Abdämpfen seiner Bassdrum leihen könnte, reichte ihm Hartmut mit leuchtenden Augen seinen Parka nach oben. Er wusste, wie das lief mit den Bands – sein Bruder spielte in einer, und sein Schwager (Ute hatte ihre erste Liebe geheiratet) verdiente mittlerweile als Profimusiker sein Geld. Doch es dauerte eine Weile, bis er selbst den Wunsch in sich spürte, Teil einer Gruppe zu sein. Bis dato war ihm der Fußball wichtiger gewesen. Das Schicksal hatte andere Pläne. Einen Sommer lang nahm er bei Ingo Klavierunterricht. Der war mehr beeindruckt von Hartmuts Stimme denn von seinem Tastenspiel und verpasste ihm die Chance seines Lebens: Er nahm ihn mit zum Vorsingen – der Sänger der unermüdlichen Kreuzritter war ausgestiegen, es fehlte ein Leader. Hartmut stellte sich hin und sang »Wishing Well«, die Knie etwas wackelig, nicht aber die Stimme. So wurde Hartmut mit 15 Jahren zum Nesthäkchen der Band. Die anderen gingen in eine Schulklasse über ihm. Was sie einte, war der Ernst an der Sache. Dreimal in der Woche wurde geprobt im Raum einer Bietigheimer Kirche. Sie mussten dafür keine Miete bezahlen. Im Gegenzug begleiteten sie sonntags beim Gottesdienst den Kinderchor – wenn auch mit ziemlich viel Schlaf in den Augen. Schon bald füllte Hartmut seine Rolle als Frontmann komplett aus. Weil er nicht ausschließlich auf Englisch singen wollte, begann er, deutsche Texte zu schreiben, mit denen er sich vom Publikum mehr verstanden fühlte. »Here we're standing on the stage, like some monkeys in their cage« – das konnte Hartmut eindeutig besser. Er wollte nicht palavern, er hatte was zu sagen. Zum Thema Hinrichtung zum Beispiel. Einer der ersten Titel, den Hartmut 1977, mit immer noch 15 Jahren, schrieb, heißt »Der Henker«. Er textete ihn, als öffentlich darüber diskutiert wurde, ob man für RAF-Terroristen die Todesstrafe wieder einführen sollte. »Das hat mich beschäftigt«, sagt Hartmut. Der Song schaffte es auf eine der älteren Platten. Und Hartmut schrieb weiter in seiner Muttersprache und – er konnte es damals noch nicht wissen – hob den deutschsprachigen Pop mit aus der Taufe. Das Publikum wusste die deutschen Texte zu schätzen, sodass die Band ihren Sänger gewähren ließ.

In den Sommerferien jobbte Hartmut wie all die anderen. Das verdiente Geld investierte die Gruppe in eine professionelle Ton- und Lichtanlage und weiteres Equipment. Zuschüsse von den Eltern gab es nicht. Hartmut führte die Bandkasse. Dafür benutzte er ein blaues DIN-A4-Schulheft, in das er alle Ein- und Ausgaben kritzelte. Mit Mathe stand er immer noch auf Kriegsfuß, und nur er selbst konnte die

Zahlen entziffern, aber alles stimmte bis auf den letzten Pfennig.

Nach einigen Besetzungswechseln stieß 1979 Jörg Weber zur Band (alle nannten ihn Joe, und nach seiner Hochzeit wurde aus ihm Joe Crawford), 1980 kam Gitarrist Rudi Buttas dazu. Aus *Crusade* wurde *Opus*. Zu dieser Zeit waren sie zu fünft: Hartmut Engler, Ingo Reidl, Roland Bless, Joe Crawford und Rudi Buttas. Und sie hatten noch einen weiteren Namen, den sie aber nur benutzten, wenn sie in amerikanischen Kasernen Coversongs spielten: *Moonstone*. Als solche waren sie in der Lage, fünf Stunden durchzurocken. Für Hartmut, den überzeugten Pazifisten, war das eine andere Welt. In der PUR-Biografie »Unsere Geschichte« von 2001 spricht er von einem Niveau in den Clubs, das manchmal nur schwer zu ertragen war. »Da wussten wir oft nicht, ob wir jetzt in einem Club oder in einem Puff stehen … Wir haben ganz schön Dreck gefressen. Wenn wir heute lieb sind, dann aus Überzeugung. Wir sind nicht böse, tragen keine schwarzen Lederjacken und spucken nicht durch die Gegend, weil wir nicht drauf stehen und das keiner braucht.« Zu dieser Zeit wurde Hartmut von den anderen Hardy genannt. Passte irgendwie zu den amerikanischen Gigs. Doch Hartmut fand das ziemlich schnell ziemlich albern. Und so wurde eines Tages der Hartl aus ihm. Bandkollegen und Freunde nennen ihn heute noch so. Nicht aber seine Freundin. Die sagt immer noch Hartmut. Oder Schatz.

Hält man Hartmut ein Foto aus diesen Tagen unter die Nase, das ihn mit Schnauzer zeigt, mit langer Mähne und einer Hose, die wie eine Mischung aus Pyjama und Faschingskostüm aussieht, muss er zwar schmunzeln, aber aus der Fassung bringt ihn das nicht. »Klar sah ich da scheiße aus, aber ich kann's ja nicht ungeschehen machen.«

Sein Schwager Reiner war mit seiner Rockband erfolgreich und belohnte sich mit einem kleinen Tonstudio, das er sich in den Keller baute. Davon profitierten auch Opus. Sie nahmen dort 1982 ihre erste Langspielplatte auf, die

1983 unter dem Titel »Opus I« veröffentlicht wurde. In der PUR-Biografie beschreibt Hartmut seine Emotionen: »Wie die kleinen Jungs mit leuchtenden Augen vor dem Weihnachtsbaum standen wir wie elektrisiert vor dem Plattenspieler, als wir das erste Mal unsere eigene Platte hörten. Das war das erhebendste Erlebnis. Die 20 000 Mark für unsere erste Platte haben wir in Ferienjobs erarbeitet. Dieses Geld holten wir mit dem Verkauf von 1000 Platten zu 20 Mark das Stück rein, aber Gewinn haben wir nie erzielt, geschweige denn die Zeit bezahlt bekommen, die wir an Arbeit investiert hatten.« Damals machten sie alles selbst. Plakate verteilen. Platten verkaufen. Bühnenaufbau und Bus fahren. Berühmt werden stand noch immer nicht auf dem Plan. Drogen nehmen übrigens auch nicht. Weil sie die Band ernst nahmen, ließen die Jungs solche Experimente sein. Klar wurde mal ein Joint geraucht, aber der machte die Aufnahmen nicht besser und wurde deshalb verbannt. Hartmut ist überzeugt davon, dass er es seinem Bruder Hans-Peter zu verdanken hat, dass er nie härtere Drogen probiert hat. »Er hat gesagt: Ich hab das und das gecheckt. Lass es! Es ist hochinteressant, aber lass es.«

Für die Amis sang Hartmut Rocksongs. Für Opus vertonte er Hermann-Hesse-Texte. Und das in einer Zeit, in der die Neue Deutsche Welle boomte. Zeitgemäß war das nicht. Doch die Band ordnete sich keinem Trend unter – das tat sie nie. Und die Fans auch nicht. Hartmut genierte sich nicht dafür, als Henker, Indianer, Hausfrau oder gar Katze verkleidet auf die Bühne zu gehen, wenn es der Sache diente. Die zweite Platte von Opus erschien 1985, wieder selbst produziert und selbst finanziert. Weil (noch) keine Plattenfirma daran glaubte, dass diese eigenwillige Combo kommerziellen Erfolg haben könnte. Doch siehe da: Der Südwestfunk 1 spielte zum ersten Mal einen Song von Opus im Radio. »Fallen« hieß der und handelte – tja – von der Liebe. Dabei hatten Opus auch Politisches zu bieten. Sie selbst sahen sich als politische, sozialkritische Band. Als Deutschland in den Achtzigern aufrüstete, demonstrierten die Musiker gemeinsam dagegen. Jahre vorher war Hartmut auf die Straße gegangen, um seine Abneigung gegen den Kanzlerkandidaten der CDU/CSU, Franz Josef Strauß, kundzutun.

1985 war ein Jahr der Umbrüche. In diesem Jahr erschien die zweite Platte der Bietigheimer, und eine österreichische Band landete einen Welthit. »Live is Life« von Opus aus der Steiermark war in aller Ohren. Da half alles nichts. Ein neuer Name musste her, wenn Hartmut und Co. nicht ständig verwechselt werden wollten. Dass sich die Gruppe nicht »Schaum« nannte, wie Hartmut unter anderem vorgeschlagen hatte, ist Ingo zu verdanken. Der warf PUR in den Ring. Was dann folgte, ist Geschichte. Musikgeschichte.

Solange die Band noch nicht von den Auftritten leben konnte, blieb Hartmut im OG im Haus seiner Eltern wohnen, wo er nur die Nebenkosten bezahlen musste und sich am gut gefüllten Kühlschrank bedienen durfte. Regelmäßig gab er Schülern Nachhilfe. Beinahe wäre er Lehrer geworden. Zwölf Semester hatte er Anglistik und Germanistik studiert, wenn auch nicht aus vollem Herzen. Als der erste Plattenvertrag winkte, hatten die anderen ihr Studium abgeschlossen, Hartmut brach seines ab. Er stand kurz vor dem Staatsexamen, sein Vater kurz vor der Schnappatmung. Wusste der Junge, was er tat? Wirklich beruhigt war der alte Herr erst, als ihm sein Sohn Jahre später einen Kontoauszug überreichte.

1986 gewannen PUR den Bundesrockpreis. Zu dieser Zeit hatte die Gruppe bereits einen Fanclub, der sich auf der Insel Norderney gegründet hatte. Und dessen Mitglieder in einem gecharterten Bus zum Finale nach Osnabrück angedüst kamen. Weitere Fans reisten aus Oberarnbach an und aus der Bietigheimer Heimat. Entsprechend stimmgewaltig war der Jubel. Der Sieg war nicht nur gut fürs Ego, er brachte PUR auch die Aufmerksamkeit der Plattenfirmen, die sie bis dahin konsequent ignoriert hatten. Wieder hatte Hartmuts Schwager Reiner seine Finger im Spiel. Er überzeugte die Stuttgarter Plattenfirma Intercord von der Band. Den Ausschlag gegeben hatte der Song »Hab mich wieder mal an dir betrunken«, den Hartmut für seine Liebste geschrieben hatte. Zum ersten Mal stand eine Platte von PUR in den Läden. Zum ersten Mal entstand ein bundesweit funktionierendes Netzwerk. Im ersten Jahr verkaufte sich das Album »PUR« 10 000 bis 15 000 Mal. Was zu diesem Zeitpunkt niemand ahnte: Später würde die Plattenfirma auch die in Eigenregie produzierten Opus-Platten erfolgreich vertreiben – beide sollten sechsstellige Verkaufszahlen erreichen. Fernsehauftritte in der ARD und im ZDF folgten, der erste Radiohit ging über den Äther.

Bislang hatten PUR ohne Produzenten gearbeitet. 1988 sollte sich das ändern. Intercord stellte ihnen F. Ferdinand Förster an die Seite, einen Mann, der im Studio (leider) nur den Sänger brauchte. Die Instrumente bastelte er »zeitgemäß« am Computer dazu. Mit dem Resultat, dass »Funkelperlenaugen« zwar zum Radiohit wurde, die Band jedoch alles andere als überzeugt war. Sie klangen wie ein Abklatsch der Münchner Freiheit und sahen sich in die Schmusepop-Ecke gedrängt. Ein zweites Mal würden sie das nicht zulassen. 1990 nahmen sie den Produzenten Dieter Falk mit ins Boot, der mit ihnen das Album »Unendlich mehr« aufnahm und noch viele Jahre sehr erfolgreich mit ihnen arbeiten sollte. Das Ganze nahm an Fahrt auf. Ständig neue Platten. Tourneen. Wenig Zeit zum Durchatmen. Ihren Song »Brüder« spielten PUR am 3. Oktober 1990 in Weimar auf dem Marktplatz. Damit schaffte es die Band sogar in die Tagesschau – und eroberte die Herzen vieler Menschen aus dem Osten. Auch 1991 gab es eine neue Platte, »Nichts ohne Grund«. Zum Abmischen flog die Band diesmal nach Nashville, wo alle großen internationalen Plattenfirmen ein Tonstudio besaßen. Im gleichen Jahr schafften sie es auf den Hockenheimring, spielten neben Tina Turner und den Simple Minds vor 100 000 Zuschauern. Es ging immer höher, schneller, weiter. Mit »Lena« landete schließlich die erste Single in den Charts. Und dann kam der endgültige Durchbruch: Mit dem Live-Album »PUR live« übertrafen sie alle Erwartungen, vor allem ihre eigenen. Die CD schaffte es in die Top Ten der Albumcharts und hat sich bis heute 1,3 Millionen Mal verkauft. »Das PUR-Feeling griff um sich«, schrieb Hartmut 2011 in seiner Autobiografie.

6.
Warum Hartmut nur einmal den Gipfel erklimmen möchte

Was war geschehen? Waren sie nicht eben noch eine Schülerband gewesen? Plötzlich galten sie als DIE Nummer im Pop-Business. Das Live-Album ganz oben in den Charts. Und mit der Veröffentlichung der beiden darauf folgenden CDs waren sie endgültig als Nummer-eins-Band im Land bekannt. Hartmut war der Typ mit der blonden Locke, dem großen Ohrring und dem Hüftspeck. Schick geht anders. Weiß er selber. Die Fans liebten ihn trotzdem. Es war eine Zeit, in der man Stars noch nicht durchs Internet hinterherjagen und sich durch jedes Detail aus dem Privatleben klicken konnte.

»Seiltänzertraum« blieb zweieinhalb Jahre lang in den Charts und wurde 1,8 Millionen Mal verkauft. 1995 folgte »Abenteuerland«. Es sollte das bekannteste und erfolgreichste PUR-Album werden. 2,5 Millionen Mal ging es über den Ladentisch. Jeder Zweite, der in diesen Tagen in einem Plattenladen Geld ausgab, kaufte eine PUR-CD. Die Tickets für die darauf folgende Tournee gingen weg wie warme Semmeln – mehr als eine Million. Es war der Höhepunkt aller Erfolge. Plötzlich berühmt. Hartmut erinnert sich an ein Gefühl des Überrolltwerdens. »Du bist immer noch eine

Studentenband, hast kein richtiges Management. Keine Leute, die durchblicken. Da hat keiner gecheckt, wie das ist mit der Umsatzsteuer. Wir wussten gar nichts und waren plötzlich Gesellschafter einer schwäbischen mittelständischen Firma. Da gibt es Gesellschafterversammlungen, da müssen Dinge entschieden werden. Da sitzen plötzlich fünf Mitarbeiter, deren Löhne erwirtschaftet werden müssen. Das Ganze bekam eine Dimension, die niemand auf dem Zettel hatte.« PUR gründeten die Managementfirma Live Act Music, stellten Leute ein, die sich fortan um die Verwaltung kümmerten. Die gesamte Logistik musste umgestellt, Hallen zwei Jahre im Voraus gebucht werden. Die Promotion wurde vielschichtiger und war nicht mehr vergleichbar mit den Anfängen in den 1980-ern, als maximal elf Radio- und drei Fernsehsender existierten. »Wenn die's gut fanden, lief es. Wenn nicht, lief's nicht«, sagt Hartmut. Es war auch die Zeit, in der er Plattenmillionär wurde. Zeit, das Geld auszugeben, blieb ihm kaum. Es war ein Leben auf der Überholspur, von dem er, wie er rückblickend sagt, nur die Hälfte mitbekam und das er so nicht noch einmal führen wollte. Der Hype blieb lange bestehen, PUR wurden mit Preisen überschüttet, Hans-Dietrich Genscher und Jodie Foster sangen ein Loblied auf die Band. Der britische Schauspieler Sir Peter Ustinov war von Hartmuts Ausstrahlung offensichtlich so angetan, dass er ihm Ende der 1990er bei einer Preisverleihung in München ein Bild überreichte. Er hatte Hartmut spontan skizziert, während der auf der Bühne performte. Die Zeichnung hat einen festen Platz in seinem Haus.

Hartmut ist jedoch weniger stolz auf all die Preise, die sie gewonnen haben, als vielmehr auf die Tatsache, dass »die Schülerband es geschafft hat, das ganze Leben lang aus dem Hobby den Beruf zu machen, der ja auch Berufung für uns war. Unser alternatives Lebensprojekt PUR als Lebensgrundlage bis ins hohe Alter vermutlich fortsetzen zu dürfen, das ist ein Riesenerfolg.« Die Freiheit, selbstbestimmt zu sein. Das Wissen, nichts geerbt, sondern sich alles selbst ersungen zu haben. Gut fühlt sich das für ihn an.
Die Unfreiheit beginnt für Hartmut dort, wo er beobachtet wird. Wobei er mit einem Augenzwinkern zugibt, dass er sich nach einer Fernreise insgeheim darüber freut, wenn der deutsche Zollbeamte ihn mit »Guten Morgen, Herr Engler« begrüßt.

Nach dem Durchbruch füllten PUR Fußballstadien wie das Düsseldorfer Rheinstadion im Sommer 1996, wo ihnen 65 000 Menschen zujubelten. Als Hartmut mit etwas Abstand das Video ansah, war er schockiert: »Mit diesem Monster habe ich optisch eigentlich nichts zu tun«, dachte er. Über 100 Kilo brachte er am Ende der Tour auf die Waage, und es war ihm nicht mehr egal, wie er aussah. Bei »Wetten, dass ..?« ließ er sich von der Schauspielerin Esther Schweins die Locke abschneiden. Danach ward sie nie mehr gesehen – nicht die Frau, sondern die Locke. Eigentlich hätte sie für einen guten Zweck versteigert werden sollen, doch sie verschwand. Spurlos. Bis heute. Von seinem Arzt wollte Hartmut wissen: »Wie mach ich das jetzt mit meinem Fitnesszustand?« Er war gerade Vater geworden, auch für seinen Sohn wollte er gesund bleiben. Heilfasten war die Lösung. Er trank 23 Tage nur Wasser und Tee, ratzfatz waren 13 Kilo weg. Auch der Sport bekam einen festen Platz in seinem Leben.

PUR waren erfolgreich. Die Journalisten beeindruckte das zunächst wenig. Lange nahmen sie die Musiker aus dem Schwabenland nicht sonderlich ernst. Verspotteten sie als »Lindenstraße des Pop«, als »Provinzband«, »Warmduscher«, »Gutmensch-Gruppe«. Auch »Die Band der Bausparer« wurden sie einmal genannt. Oder »Pur, die Gulaschkanone fürs Volk«. Ein Journalist verglich die Musik mit ungesalzenem Essen. Hartmut sagt heute: »Wir haben den Medien schon auch einen guten Grund gegeben, uns merkwürdig zu finden.« Er meint damit nicht die Musik. »Für die Radiostationen waren wir eine Pop-Schlager-Band, die immer von Liebe singt. Von diesen Journalisten hat sich ja keiner die Mühe gemacht, mal eine ganze CD durchzuhören.« Hartmut glaubt, dass sein Äußeres einen großen Teil dazu beigetragen hat, von den Medien nicht anerkannt zu werden. »Wir waren beratungsresistent, was unsere Optik angeht.« Und er merkt selbstkritisch an, dass seine Band das Spiel mit den Medien schlecht gespielt habe, als PUR erfolgreich wurden. »Damals empfand ich diese herablassende Kritik als verletzend«, gibt er zu. Heute liest er CD-Kritiken nur noch, wenn er Lust dazu hat. Spannend ist es meist ohnehin nicht mehr für ihn, weil er schon vorher weiß, welche Medien oder Internetportale in welche Richtung tendieren und wer grundsätzlich einen Verriss schreibt, »weil die Gitarren nicht laut genug sind und das Ganze zu sehr im Mainstream-Bereich bleibt«. Den Kellys sei es damals ähnlich ergangen. »Die haben alles abgekriegt an Häme, bis es sie plötzlich nicht mehr gab. Dann hatten die nur noch einen, der scheiße aussah, und das war ich.« Das Bild vom übergewichtigen Sänger mit der Locke hatte sich eingebrannt bei den Leuten. Auch zehn Jahre nachdem Hartmut sein Erscheinungsbild vollkommen verändert hatte, hieß es noch: »Seit wann haben Sie denn eine andere Frisur?« Heute passiert es nur noch selten, dass er gefragt wird: »Haben Sie abgenommen?«

»Ja. 1997.«

Mittlerweile hat Hartmut ein entspanntes Verhältnis zur Presse. Die Zeiten, als die großen Magazine PUR ignorierten oder die Geschichten willkürlich zusammenflickten, sind längst vorbei. Selbst die Boulevard-Blätter veröffentlichen mittlerweile Texte ohne fiese Schlagzeile.

Geblieben ist der Spirit der einstigen Schülerband. Hartmut spürt ihn nach wie vor auf der Bühne, sagt er. »Wir halten genauso zusammen wie damals. Nur dass da keine jungen Typen mehr stehen, sondern ältere Herren. Das ist schon schön.« Hartmut sieht sich und seine Kollegen auch weiterhin als Rocker. Egal, wie man ihre Musik bezeichne, die Grundeinstellung sei dieselbe geblieben, dieses Feeling mit der Band. Da sei eine Power im Raum, eine Dynamik, die wichtiger sei als permanent laute Gitarren. »Wir sind eine Rockband.« Punkt. Ein Selbstverständnis sei das, eine Lebenseinstellung. »Aber keine aggressive.« Er muss lachen. Denn unvergessen sind die Zeiten, als auch mal die Fetzen flogen und er ein Hotelzimmer zerlegte. Hinterher hat er sich geschämt und den Schaden bezahlt.

»Unser alternatives Lebensprojekt PUR bis ins hohe Alter vermutlich fortsetzen zu dürfen, das ist ein Riesenerfolg.«

Hartmut ist das Gesicht der Band. Chef mag er sich nicht nennen. Trotzdem: »Ohne und gegen mich geht nichts. Und das wissen auch alle. Das hat nichts mit Arroganz zu tun. Ich habe immer gesagt: Ich bin der Primus inter Pares, der Erste unter Gleichen. Es ist natürlich so, dass ich einen anderen Einfluss ausübe als alle anderen. Ich krieg ja auch das meiste ab. Im Positiven wie im Negativen fokussiert sich alles extrem auf mich. Ich halte den anderen den Rücken frei und genieße natürlich auch die Sonne, in der ich stehe.« Allen sei klar, dass es mit dem Touren vorbei wäre, wenn Hartmut nicht funktioniert. Dass die anderen ersetzbar seien, »hat natürlich unser Verhältnis beeinflusst. Als wir die Erfahrung machten, dass Roland nicht mehr dabei war und es trotzdem weiterging«. Bless hat die Band 2010 verlassen, ist seitdem als Solokünstler unterwegs. Hartmut hat keinen Kontakt mehr zu ihm.

Es hat ihn selbst nie in den Fingern gejuckt, ein Solo-Projekt anzugehen, sagt er. Dabei mangelte es nicht an Angeboten. In all den Jahren wagte Hartmut nur einmal einen Seitensprung, 2005 war das. Heinz Canibol, seinerzeit Chef der Plattenfirma EMI, bei der PUR unter Vertrag waren, machte ihm ein Angebot, das er nicht ablehnen konnte. Hartmut sollte auf Englisch singen, er würde eine A & R-Managerin an die Seite gestellt bekommen, die für ihn eine Vorauswahl an Songs treffen würde, und erfahrene Produzenten obendrein. Er wäre derjenige, der das letzte Wort hätte. Was konnte da schiefgehen? Hartmut hatte kein schlechtes Gewissen seiner Band gegenüber. Die machte gerade Pause nach einer Tournee. Und die Songs würden ohnehin nichts gemeinsam haben mit den PUR-Stücken. Hartmut arbeitete mit Roland Spremberg zusammen, der auch a-ha produzierte. Den Gesang nahmen sie in Hartmuts Haus auf Mallorca auf. »Just a Singer« heißt das Album. Es schaffte den Sprung in die Charts, Radiosender, die PUR links liegen ließen, spielten die Single. Hartmut stellte sein neues Werk im Rahmen einer Clubtour seinen Fans vor, begleitet von einer Live-Band. Er schrieb nur den Text zum Titelsong selbst: »Just a Singer«. Heute sagt er dazu: »Ich bin stolz auf das Album, auch wenn es damals keine Herzensangelegenheit für mich war. Ich dachte, ich probier's mal, natürlich war mir klar, dass es ein zeitlich begrenztes Projekt sein würde.« Die Zeitschrift Stern berichtete über die Solo-CD des PUR-Frontmanns. Beim Gedanken an die Rezension muss Hartmut noch heute lächeln. Der Autor hatte die Songs der Redaktion vorgespielt, ohne zu verraten, um wessen Stimme es sich handelte. Die Hälfte der Kollegen tippte auf Robbie Williams.

7.
Warum Hartmut auf Mallorca offline ist

Mit dem Starsein kam das ständige Erkanntwerden. Selbst in der Südsee war Hartmut plötzlich nicht davor gefeit, Autogramme schreiben zu müssen. Auch wenn er gerade frisch eingecremt auf dem Liegestuhl entspannen wollte. Also leistete er sich einen zweiten Rückzugsort – im Südwesten von Mallorca. In Port d'Andratx – das Hafenstädtchen ist für seinen zurückhaltenden Luxus bekannt – erwarb er ein Haus in exponierter Lage, hoch oben auf einem Hügel, geplant von dem in Russland geborenen, preisgekrönten Architekten Pedro Otzoup. Dabei war Hartmut eines besonders wichtig: Er wollte von jedem Zimmer aus das Meer sehen können. »Das Haus ist architektonisch etwas Besonderes«, schwärmt er. Der Baustil sei nicht typisch mallorquinisch. Die Otzoup-Häuser sind auf der Insel berühmt. Für viele Promis entwarf der Architekt Villen, zuletzt für Claudia Schiffer. Das Mallorca Magazin schrieb im Februar 2019: »Otzoup orientierte sich an mediterranen Architekturen der einfachen, der einleuchtenden Art. Ohne Schnickschnack, aber mit Stil. Am meisten hasste er, wie er einmal sagte, ›Gartenzwergarchitektur‹. Er lehnte das romantische Aufpolieren alter Fincas mit Wagenrädern und künstlichen Brunnen ab. Er war zwar traditionsbewusst, hasste aber die ›gute, alte Zeit‹.«

Hartmut sagt: »Ich gucke vom Poolrand über 100 Meter in die Tiefe und sehe nur Meer. Sensationell!« Und weil das Haus quasi ohne Fenster auskommt – die Außenwände jedes Raumes sind verglast –, hat er das tiefe Blau tatsächlich jederzeit im Blick. »Ob ich in der Badewanne liege oder in der Kaminecke auf dem Boden sitze, ich gucke aufs Meer. Das ist fantastisch. Man kann sich zum Lesen alle halbe Stunde woanders hinsetzen und hat das Gefühl, das Haus bestehe aus mehreren Häusern. Es gibt etliche Schlafzimmer und drei Terrassen, sodass man immer die Wahl zwischen Sonne und Schatten hat.«

Als zweiten Wohnsitz mag Hartmut Mallorca nicht bezeichnen. Für ihn ist es ein Feriendomizil, das er bis zu zehnmal im Jahr besucht. Wenn Hartmut auf Mallorca weilt, fühlt er sich weit weg von der restlichen Welt. Das Handy bleibt aus. Und er offline. Das Festnetztelefon hat er abgeschafft, nachdem Journalisten die Nummer herausgefunden hatten. W-Lan gibt es nicht. Und wenn er doch mal kurz ans Handy möchte, muss er auf das Dach seines Hauses steigen, um einigermaßen Empfang zu haben. »Mallorca ist Urlaub. Da wird keine Musik gemacht, nicht getextet, nicht gearbeitet. Nach der Landung bin ich weg.«

Meistens beginnt Hartmut seinen Urlaub mit einem Hafenbesuch am Abend. Dort sitzt er auf einem schlichten Holzhocker vor der vielleicht winzigsten Bar der Insel, Mitj & Mitj heißt sie und hat im Innern nicht mehr als zwei Zapfhähne und vier Barhocker. Dort genießt Hartmut ein kühles Getränk und fotografiert die untergehende Sonne vor der Bergkulisse, den Himmel, der rasend schnell seine Farben ändert, den Fischerhafen, vielleicht ein Stück vom Olivenbaum, der vor der Kneipe wächst. Das Foto schickt er dann seinem Freund Rainer, weil der genau weiß, wie es sich anfühlt, hier zu sitzen. Und weil sich die beiden einig sind, dass »das hier einer der schönsten Plätze der Erde ist«. Ziemlich viel Romantik für so einen kleinen Ort, den Hartmut auch deshalb so schätzt, weil er »nicht ganz so Schickimicki ist«, es keinen Touristenstrand gibt und sich dementsprechend auch keine Menschenmassen hierher verirren. In guter Gesellschaft ist er dennoch. Port d'Andratx ist zwar nicht *der* Promi-Hotspot auf Mallorca, aber einigen Kollegen begegnet Hartmut hier schon. Mit seiner Nachbarin versteht er sich blendend. Dorthe heißt sie und hat früher als erfolgreiche Schlagersängerin Furore gemacht. 1968 hat sie »Wärst du doch in Düsseldorf geblieben« veröffentlicht (Hartmut beherrscht das Lied aus dem Effeff) und später einen Reeder geheiratet. Unten in Port d'Andratx hat Hartmut auch schon Jürgen von der Lippe getroffen. Und in besseren Zeiten saßen Helene Fischer und Florian Silbereisen beim Abendessen am Nebentisch. Es ist noch gar nicht lange her, da konnte man Hartmut und Helene im Duett hören auf einem Firmenevent. Er macht kein großes Tamtam darum.

Als Hartmut das Haus gekauft hatte, war ihm klar, dass er es großzügig mit seiner Familie und Freunden teilen würde. Auch Freunde von Freunden dürfen hier hin und wieder übernachten. Eine Geste, zu der ihn Peter Maffay inspiriert hat. Als junger Student hat Hartmut für ihn gejobbt. In den 1980ern war das. Später schrieb er den Song »Tiefer« für Maffay und sang ihn im Duett mit ihm vor fast 70 000 Fans auf Schalke. Maffay bot ihm damals an, in seinem Ferienhaus auf Mallorca zu wohnen. Hartmut lehnte ab. »Ich hab das nicht gemacht, weil ich mich nicht getraut hab. Ich hab gedacht: Das ist so eine Luxushütte, da muss ich aufpassen, dass ich nix kaputt mache. So gut kenne ich den Peter auch wieder nicht. Aber ich fand diese generöse Art toll und habe mir damals gedacht: Sollte ich mal so erfolgreich sein wie er, dann würde ich es genauso machen: mein Haus auch Freunden und Bekannten überlassen.« Die Villa hat er so ausgestattet, dass es nicht weh tut, wenn mal ein Teller zerbricht. »120-Euro-Kristallgläser gibt es auf Mallorca nicht. Ich bin da völlig praktisch. Da kommen Familien mit Kindern, die machen Sachen schmutzig. Da gibt's Flecken, und das darf da alles sein. Die Architektur spricht für sich, das Interieur ist das krasse Gegenteil. Ich bin ohnehin der Typ: Das Sofa muss gemütlich sein und der Fernseher groß.«

8.
Warum Hartmut ein Hirnhäusle braucht

Ein neues Album von PUR – das ist für die Fans wie Weihnachten alle drei Jahre. So lange braucht die Band für eine Platte. Beziehungsweise: So lange lässt sie sich Zeit. Die Aufgaben sind klar verteilt. Martin Ansel, Götz von Sydow und Ingo Reidl komponieren die Songs. Hartmut schreibt die Texte. Rund 180 Titel stammen aus seiner Feder. Sie sind poetisch. Und emotional. Oft gesellschaftskritisch. Politisch auch. Sie haben viel mit seinem Leben zu tun oder dem ihm vertrauter Menschen. Manche sind seiner Familie gewidmet, andere erzählen von guten Freunden oder Menschen, die ihn bewegen. Sie handeln von Gefühlen und Gedanken, die jeder kennt. Hartmut spricht mit seinen Texten vielen aus der Seele, er trifft seine Fans damit ins Herz. Woher nimmt er nach fast 40 Jahren seine Ideen? Wo entstehen die Texte? Und: Wer darf sie zuerst hören?

Ein ganz gewöhnlicher Nachmittag im Hause Engler. Es ist das Jahr 2012. Hartmut sitzt mit seinen Söhnen im Wohnzimmer. Der Fernseher läuft. Eine Reportage über einen Autoschrauber. Plötzlich dieses Wort. Hohlraumversiegelung. Der Sprecher wiederholt es mehrmals. Da sagt

Hartmut zu seinen Söhnen: »Wisst ihr, warum das ein besonderes Wort ist?«

»Nee, Papa.«

»Da sind alle deutschen Vokale drin. In einem einzigen Wort!« Hartmut zerlegt es in einzelne Silben. Und denkt: »Jetzt würde mich nur noch interessieren, ob man da 'nen Song draus machen kann.« Er kann. »Hope of Deliverance« von Paul McCartney schwirrt ihm im Kopf herum, ein Song, den er liebt und dessen Rhythmus mit seinem neuentdeckten Wort harmoniert. Er beginnt zu singen: »Hohl-raum-versiegelung«. Wir wissen nicht, ob Hartmuts Söhne sich vor Lachen auf dem Boden kringelten. Was wir wissen: Hartmut meinte es ernst. Er machte daraus einen Song, den seine Fans noch im selben Jahr auf dem Album »Schein & Sein« hören konnten. Dass er darin nicht vom Autoschrauben erzählt, versteht sich von selbst. Salopp gesagt, singt Hartmut davon, dass zu viele Leute hohl in der Birne sind. Dass sie reden, bevor sie denken. Und um dieses Blabla gar nicht erst ertragen zu müssen, fordert Hartmut:

Hohlraumversiegelung – Schluss mit dem
gequatschten Stuss.

Öffentliche – Stammtischkowalskis
poltern los – echt medial
Für die Kunst, viel nichts zu sagen
politisch ideal – für'n Arsch, und das global

Nicht mal heiße Luft, die anzeigt
hier arbeitet ein Verstand
Stattdessen treibt verbaler Ausstoß
uns an des Wahnsinns Rand.

Hartmuts Bandkollegen hatten an dem Song nichts auszusetzen.

»Die fanden ihn originell«, sagt er. Nur selten liefern sich die Herren PUR ein Wortgefecht um Hartmuts Wörter. Hartmut ist in der glücklichen Lage, sich textlich austoben zu können. »Ich biete denen keinen Mist an. Ich merke selber, wenn ein Text nicht mehrheitsfähig sein könnte.« Etwa sein Liebeslied über Katze Lucy. »Da dachte ich, wenn die Jungs jetzt sagen, das muss nicht sein, dann kann ich das verstehen. Aber sie sagten, das ist ein schmissiges Lied und deine Katze mögen wir auch. Wir haben kein Problem damit, als PUR dieses Lied zu spielen.« Die Zusammenarbeit klappt vermutlich auch deshalb so gut, weil alle Bandmitglieder ähnliche Werte und dieselbe politische Grundhaltung haben, sagt Hartmut. Wenn er über die Vertreibung seiner Mutter Anna schreibt, können die anderen jedes Wort nachvollziehen. Fast alle Bandmitglieder sind Kinder Heimatvertriebener. Und dann fügt Hartmut schmunzelnd hinzu: »Sie wissen, ich bin immer für Überraschungen gut. Wer ein Lied macht wie Hohlraumversiegelung, vor dem ist nichts sicher.«

Hat Hartmut sich an einem Thema festgebissen beziehungsweise ist seine Neugierde geweckt, gibt er keine Ruhe, bis er weiß, was er wissen muss, um den Punkt treffen zu können. Mitunter nimmt er dann Kontakt zu Menschen auf, die ihn bis dato nur gestreift haben. Als er sich Ende der 1990er daran machte, die Songtexte für das neue Album »Mächtig viel Theater« zu schreiben, traf er sich mit der Familie eines autistischen Jungen, Birger heißt er. Hartmut wollte die Geschichte des Kindes erzählen, aber nicht, ohne es einzubinden und seine Sicht auf die Dinge zu erfahren. Er spielte Birger den Song vor und flocht einige Sätze von ihm ein:

»Wo ist der Weg in die wichtige
Welt? Ich will raus hier aus der
Kistenwelt in die wirre Welt
ich will kein in mich mehr sein
Ich will raus hier
Wuchernde Erdklumpen auf meiner Seele
unruherastklopfiger Geistüberfall
Chaosgeschehen, autistischer
Panzer ...

Hartmut schreibt seine Texte übrigens nicht in seinem Haus in Bietigheim. Nie. Er fliegt aber auch nicht ans andere Ende der Welt. Wenn es ans Texten geht, verschwindet er in einen Pavillon aus Holz, der in seinem weitläufigen Garten steht. Fans haben diesen kleinen unscheinbaren Raum »Hirnhäusle« genannt, weil er der Ort ist, an dem er sein Hirn zu Höchstleistungen antreibt. In dem er Gefühle wachruft, Erlebtes Revue passieren lässt, tief in sich hineinhört. Intellektuell wollte er nie schreiben. Sinn sollten seine Texte aber schon ergeben – und bitte unter die Haut gehen. Hartmut hat sein Hirnhäusle nicht besonders schick eingerichtet, auf Bilder an den Wänden verzichtet. Es als puristisch zu bezeichnen, wäre noch untertrieben. Ein Innenarchitekt wird nicht mehr aus ihm. »Das liegt mir nicht, zum Glück hatte ich immer Frauen an meiner Seite, die das für mich gemacht haben.« Er grinst, als er das sagt. Hier geht es um PUR, und: Hier mag er es pur. Ein Sofa. Holzregale. Ein Schreibtisch, auf dem ein CD-Player steht. Ja, richtig. Hartmut hört noch CDs. Und die Songs, die sein Team komponiert, haben auch bitteschön auf CD zu ihm zu kommen. Er will das so. Es ist sein Ritual. Er tippt die Texte nicht am Computer, sondern schreibt sie von Hand. Manchmal geht er in seinem Kreativhäusle auf und ab, blickt dabei ins Grüne. Oft sieht er stundenlang niemanden. Ein Eichhörnchen vielleicht, auf der Suche nach Nüssen. Oder einen Mäusebussard, der über dem Garten kreist. Letzten Sommer glotzten ihm Rehe entgegen, die zum Trinken an seinen Teich gekommen waren. Dass es noch kein Lied über Rehe gibt – purer Zufall?

Man könnte meinen, ein Hartmut Engler mache das mit links, einem Dutzend Songs Leben einhauchen. Pustekuchen. Er betont, dass das Texten nicht zu seinen Lieblingsbeschäftigungen gehört und er den Beginn gerne hinauszögert. Er geht sogar so weit zu sagen: »Es macht mir keinen Spaß. Schreiben ist erst schön, wenn man geschrieben hat. Ich hab ganz viele Ausreden, bevor ich anfange. Ich sitze vorm Fernseher und denke: Ach, ich hab da 'ne Serie angefangen, die guck ich jetzt erst mal fertig. Der Pavillon ruft, aber es ist ja nicht dringend. Ich hab ja noch ein Jahr.« Meistens rafft er sich erst auf, wenn Martin, Götz oder Ingo ihm in den Hintern treten und ihn mit ihrer Begeisterung anstecken. »Wird das noch was mit den Texten?« Ein halbes Jahr braucht Hartmut zum Schreiben. Bis alles eingesungen und abgemischt ist, vergeht ein weiteres halbes Jahr. Die Musik hört er in dieser Phase quasi Tag und Nacht – liebend gern unterwegs im Auto. »Das Schönste ist, wenn ich schon einen Ansatz habe. Ich steh an der Ampel, höre den Song, und plötzlich ist da eine Melodie.« Er demonstriert diesen Moment, indem er mit den Fingern schnipst und »Ich lieb dich« vor sich hin singt. »Wenn ich so weit bin, kann ich sagen: Okay, am Montag um 14 Uhr sitz ich da drin und dann wird das zu Ende gedacht.« Er beschreibt das Texten als tranceartigen Zustand. Er sei nicht in der Lage, mit einem anderen Menschen gemeinsam zu schreiben. »Ich kann in dieser Phase nicht erzählen, was in meinem Kopf vor sich geht.« Wenn das Ergebnis gut sei, verschaffe ihm das eine unglaubliche Befriedigung. Dann nämlich, »wenn ich's höre, als ob ich's gar nicht geschrieben hätte«.

Hartmut ist erst wieder ansprechbar, wenn er sein Hirnhäusle verlassen hat. Er schaltet dann in einen anderen Modus. Dann sei er entweder schlecht gelaunt, wenn ihm nichts eingefallen sei, was selten vorkomme. Oder er sei euphorisch, wenn er wisse, »da ist mir jetzt aber etwas richtig Gutes gelungen. Manchmal spürt man das.« In so einem Fall steht er spätestens am nächsten Tag im Studio. Wenn er die Zeilen das erste Mal ins Mikrofon singt, sie noch nicht auswendig kann, dann fühle sich das tatsächlich so an, als hätte sie jemand anders geschrieben, sagt er. Er feilt so lange weiter, bis nichts mehr kantig klingt. Hartmut verrät, dass es ihm passieren kann, ein oder zwei Wochen nichts Gutes zustande zu bringen. Das müsse er aushalten. »Man kann mal krank werden oder hat keine Lust. Oder man ist in schlechter Stimmung. Wobei die schlechten Stimmungen mehr erzählen vom Leben als die guten. Die gute Stimmung ist die Zeit des Aufarbeitens der schlechten Stimmung.« Wieder so ein Hartmut-Satz, über den man kurz nachdenken muss.

Im Booklet der aktuellen CD dankt Hartmut dem Schriftsteller Hermann Hesse. Weil er ihn immer wieder aufs Neue beim Schreiben inspiriert. Zu Opus-Zeiten war das schon so. Und ist es heute noch. Ohne Hesses »Siddhartha« wäre der Song »Licht ins Dunkel« nicht entstanden. Hartmut hat in der Spätpubertät begonnen, Hesse-Bücher zu verschlingen. Sie haben ihn beim Erwachsenwerden begleitet. Während des Studiums belegte er begeistert ein Hesse-Seminar. »Und dann fingen die an, meinen Hesse zu zerlegen. Das wollte ich überhaupt nicht. Nach dem vierten Mal hab ich gesagt: Nee, was ihr hier macht, wird dem nicht gerecht. Das geht völlig am Thema vorbei.« Mit 40 hat Hartmut alle Hesse-Bücher noch einmal gelesen und festgestellt, »dass mir das immer noch was gibt, auf einer anderen Ebene«. Heute liest er hauptsächlich Thriller. Die von Ken Follett zum Beispiel. Bücher von Simon Beckett auch. Er hat einen eBook-Reader.

Ist seine Freundin Katrin zu Hause, ist sie die Erste, die das Ergebnis seines kreativen Schaffens zu hören bekommt – und die Kritischste. »Ich erwarte grundsätzlich bei Katrin nicht, dass sie jubiliert. Ihr gefallen mitunter Sachen am meisten, die bei mir unter ›ja, ist auch dabei‹ laufen. Zu Sachen, von denen ich denke, die gehen jetzt durch die Decke, sagt sie ganz oft: Ist mir zu gewöhnlich.« Die wichtigsten Songs sind für ihn »Wenn sie diesen Tango hört« (»Der war richtungweisend«) und »Abenteuerland« (»Die absolute Krönung. Kein Liebeslied fürs Festzelt, sondern eine Geschichte über den Jungen im Mann«). Fragt man Hartmut nach seinen persönlichen Top 5, fallen auch Titel wie »Walzer für dich«, »Ich lieb dich«, »Lena«, »Beinah« und »Verboten schön«.

So zurückhaltend Hartmut mit Eigenlob ist, wenn es um seine Person geht, vom aktuellen Album spricht er begeistert. »Wir haben den Zeitgeist begriffen hinsichtlich der Songlänge, hinsichtlich der Art der Eingängigkeit von Musik, ohne den Textanspruch dabei zu verlieren.« Das sei nämlich oft die Schwierigkeit. Bei einem komprimierten Song, der gut ins Ohr geht, neige man dazu, den Inhalt zu kastrieren, »und das war nicht notwendig. Es sind so viele tolle Songs, die alle auf den Punkt gehen. Die Liebeslieder sind mir seit zehn Jahren nicht so gut gelungen.« Hartmut ist so begeistert von dem neuesten Werk, dass er seinem Freund Martin die CD vorspielte und ihn erst nach dem letzten Ton aufs Klo gehen ließ. Fast hätte der in die Hose gemacht.

9. Was Hartmut mit Stephen King gemeinsam hat

Hartmut ist nicht allein. Im Leben nicht – und auf der Bühne erst recht nicht. Wenn Hartmut singt, singen 15 000 Leute mit ihm. Im Takt. Seine Fans kennen jede Strophe. Sie beherrschen die Texte im Schlaf. Sie rügen den Musiker, wenn er ein Wort vergisst. PUR-Fans haben einen speziellen Ruf. Es heißt, sie seien ein Leben lang treu. Sie schlafen mit den Liedern ein und wachen mit ihnen auf. PUR-Songs sind für sie Lebensbegleiter, in guten wie in schlechten Zeiten. Sie setzen sich mit den Texten auseinander, schöpfen daraus Energie, Mut, Trost. Sie sprechen vom PUR-Fieber, das sie packt und nicht mehr loslässt. So wie Manuela, 47, die nahe Schweinfurt lebt und eigentlich nur wegen BAP aufs Konzert gekommen war. Plötzlich spielte die Vorband »Lena« und es hat Zoom gemacht. Verdamp lang her ist das. Mehr als 70 PUR-Konzerte hat Manuela mittlerweile gesehen. Sie sagt: »Beim ersten Klang ist da Gänsehaut von oben bis unten. Es kribbelt überall.« Den Hartmut, den findet sie toll. »Der strahlt, der lebt seine Musik. Diese Aura!« Als er vom Bandscheibenvorfall geplagt war, hat sie jede Sekunde mit ihm gelitten. Dass er kaum einen Schritt unbeobachtet durchs Leben gehen kann, tut ihr leid. »Ich bewundere seine Freundin dafür, dass sie das mitmacht. Wenn an meinem Mann jeder rumtatschen würde, nee, das könnte ich nicht.«

Katja, 46, aus der Nähe von Erlangen, spricht von einer Erleuchtung, als sie auf einer Geburtstagsparty Anfang der 1990er zum ersten Mal Songs von PUR hörte. Seitdem steht sie bei Konzerten ganz vorne. Immer. Acht bis neun Stunden harrt sie vor der Halle aus, um sich einen Platz in der ersten Reihe zu sichern. Sie möchte die Gesten der Musiker sehen, beobachten, wie sie die Bühnentreppe raufgehen. »Seit Hartmut meditiert, wirkt er noch viel dankbarer«, sagt sie. Süchtig machend seien die Auftritte. Katja hat Hartmut bereits persönlich kennengelernt. Doof nur, dass sie vor Ehrfurcht kein Wort rauskriegte, als sie vor ihm stand. Ein Foto machen, ja, das ging gerade noch so. Aber über dies und das plaudern mit diesem charismatischen Mann? Nee, viel zu aufgeregt. Beim Fanevent auf dem Feldberg hat sie sich nicht mal getraut, ihm die Hand zu geben. Und sich hinterher schwarz geärgert. Denn es ist ja nicht so, dass sie nicht gerne mal mit ihm in einer Bar sitzen und sich locker unterhalten würde. Ihren Hasen nannte sie Kowalski nach einer Figur, die Hartmut in seinen Songs erschaffen hat, ihr Kater heißt Rüdi. Fast hätte sie ihren Sohn auf den Namen Hartmut getauft, ihr Mann konnte es gerade noch verhindern. Er gönnt seiner Frau die Schwärmerei, sagt: »Geh da hin. Spinn dich aus, das tut dir gut.« Würde es in ihrer Wohnung brennen, Katja würde zuerst die Kinder und die Katzen aus den Flammen retten. Und danach die signierte Hartmut-Autobiografie.

Ja, Hartmut ist nicht allein. Und seine Fans sind es auch nicht. Durch ihre Liebe zur Band hat Katja Freundinnen fürs Leben gefunden. Acht Frauen sind sie, gehen gemeinsam auf Konzerte und tauschen sich jeden Montagabend um 21 Uhr im Chat aus. Sie haben sich T-Shirts bedrucken lassen, auf denen steht: »PUR – Chat-Mädels on Tour«. Schwarz mit goldener Schrift. Seit kurzem ist auch ein Mann dabei. »PUR-Fans, das sind Menschen, die sich Gedanken machen übers Leben. Die Schicksalsschläge hinter sich haben und sie mit Hilfe der Musik verarbeiten«, sagt Katja. »Tiefgründige Menschen, die mit Oberflächlichkeit nichts anfangen können.« Viele sind gut vernetzt. Allein auf Facebook gibt es mindestens ein Dutzend Fanseiten und Gruppen, die von vielen Tausend Anhängern gelikt werden. »Hartmut Support«, »PUR – einfach die geilste deutsche Band«, »PUR Friends – wozu sind Freunde da« oder schlicht »Hartmut-Engler-Fans«. Sie tauschen sich aus, teilen Konzerterinnerungen. Sie wünschen sich einen »PURen« Tag und schicken sich »PURe« Grüße. Manche lassen sich Tattoos mit dem Band-Logo stechen, um zu zeigen, dass ihnen die PUR-Songs unter die Haut gehen. Hartmut weiß, was er an ihnen hat. 25 Jahre nach der Bandgründung schrieb er seinen Fans den Song »Danke«.

Was wär aus uns geworden, wenn es Euch nicht geben würde?
Was hätten wir stattdessen wohl getan?
Manchmal wach ich auf und glaub, ich leb' in einem Märchen.

Doch es ist wahr und ihr seid Schuld daran.
Ihr habt schlicht und ergreifend einfach unseren Lebenstraum erfüllt.
Und deshalb wird als kleines Denkmal dieses Lied für Euch enthüllt.
Danke für den Glanz in den Augen.
Für den Sturm aus Begeisterung.
Danke für den Mut, sich zu trauen.
Für den Antrieb und den Schwung.
Danke auch fürs Zuhörn, für den Applaus.
Nur wegen Euch sind wir auf der Bühne zu Haus.
Wir hätten nie gedacht, dass das, was wir zu singen hatten
Auf so viel offene Ohren, Herzen stieß.
Und dass die Gabe unsere eigene Musik zu schaffen
Sogar 'ne Menge Spuren hinterließ.

Hartmut bezeichnet seine Fans als »bestes Publikum der Welt«. Konzerte nennt er Familientreffen. Wenn PUR zu einer Fanreise einladen, lassen sich die Treuesten nicht lange bitten. Mehr als 600 Fans flogen 2015 mit den Musikern nach Side in die Türkei. Feierten eine Woche lang Poolpartys mit der Band und spürten gemeinsam den warmen Sand zwischen den Zehen. Viele Stunden verbrachten sie mit ihren Idolen. Videos von dieser Fanreise zeigen einen gut gelaunten, braungebrannten Hartmut in Shorts, der das Bad in der Menge genauso genießt wie das im Meer. Es freut den Sänger, dass er auch mit 57 Jahren noch angehimmelt wird und Liebesbriefe bekommt. »Das Schöne an dem

Job ist, dass man von der Bühne runterguckt und strahlende Damen jeden Alters sieht«, sagt er. »Ohne, dass das in irgendeiner Form für mich noch Konsequenzen hätte.« Das typische Hartmut-Grinsen erscheint auf seinem Gesicht. Er sagt, dass er sich in solchen Bühnenmomenten extrem angenommen fühle, sein Alter nicht gesehen werde. »Die hören die Musik und denken: Der, der sich diesen Text ausgedacht hat, der ist ein guter Typ, den finde ich toll.« Ein schöneres Kompliment kann sich Hartmut nicht vorstellen. »Mir persönlich reicht es immer, wenn jemand sagt, ich höre deine Musik wahnsinnig gerne. Die begleitet mich durch den Alltag. Das gibt mir viel. Von mir aus darf jemand sagen: Ich bin kein PUR-Fan, aber die Musik finde ich schön. Es geht mir nicht um blinde Verehrung. Wir hatten unsere Bravo-Zeit.« Mitte der 1990er-Jahre, Hartmut war Anfang 30, veröffentlichte die Teenie-Zeitschrift eine Homestory über den »traurigen, einsamen Hartmut«, der gerade von seiner Frau verlassen worden war. »In mein erstes Haus in Ingersheim, da hab ich damals einen Journalisten reingelassen in meinem jugendlichen Leichtsinn.« Eine Flut an Briefen erreichte ihn danach – viele junge Frauen wollten ihn besuchen und trösten. Heute seien die weiblichen Fans zurückhaltender, weil sie wüssten, dass er in einer festen Beziehung ist. »Es gibt die Spaßabteilung, die schreibt: Hartmut, ich will ein Kind von dir. Meine Antwort ist dann immer: Welches von den beiden?« Er lacht laut. Das tut er auch, wenn ein BH auf der Bühne landet, was hin und wieder vorkommt.

Als Hartmut noch in Ingersheim wohnte, standen regelmäßig Fans vor seiner Tür. Manche klingelten, fragten keck, ob sie mal eben auf einen Kaffee reinkommen könnten. »Sonntagnachmittags sind die einmal ums Karree marschiert und haben reingelinst. Man konnte direkt ins Wohnzimmer schauen. Ich war dort vollkommen schutzlos. Als mein erster Sohn geboren wurde, war die Wohnsituation nicht mehr erträglich. Deshalb sind wir umgezogen.« Jetzt wohnt Hartmut in einer Sackgasse, sein Haus ist videoüberwacht, das Gelände sicher vor Blicken. »Ich hatte in meinem Leben mit Stalkern zu tun und mit einer nachweisbar an Schizophrenie erkrankten Frau, die sich auf mein Auto setzte und sich dabei fotografieren ließ«, erzählt Hartmut. Heute ist es so, dass die meisten Fans die Privatsphäre des Musikers respektieren.

Ralf Pullmann kennt sie alle: Fans, die Hartmuts Haus in Ingersheim belagert haben und auch mal über den Zaun gestiegen sind. Und Fans, die höflich Distanz wahren. Er ist der Fanbeauftragte der Band und hat gut zu tun. Der 54-Jährige koordiniert die vier offiziellen PUR-Fanclubs, deren Mitglieder sich nicht nur online austauschen, sondern die mehrmals im Jahr ein Club-Journal drucken lassen, in das jeder schreiben darf, was ihm durch den Kopf geht. Er organisiert Fanclub-Treffen und hält Kontakt zur Band. Geplant war das nicht. Er war 24 Jahre alt und zur richtigen Zeit am richtigen Ort, als der erste PUR-Fanclub gegründet wurde. In den 1980ern war das, und die Mädels, die sich das in den Kopf gesetzt hatten, brauchten Starthilfe. Ralf hatte als ehemaliger Leiter eines Udo-Lindenberg-Fanclubs Erfahrung. Als Hardrock- und Heavy-Metal-Fan war er zwar nicht so nah dran an der Musik von PUR, doch dann lernte er die Band kennen, fand die Jungs cool und nett. Hartmut stach ihm sofort ins Auge. »Ohrring, Nase, Frisur.« Und er stellte fest: PUR rockten. So ist Ralf in etwas hineingeschlittert, das ihm 30 Jahre später immer noch riesengroßen Spaß macht. Längst ist er selbst PUR-Fan und schwärmt in den höchsten Tönen. »PUR sind live gigantisch. Bei ›Abenteuerland‹ krieg ich immer noch Gän-

sehaut.« Und das, obwohl er weiterhin auch AC/DC und Iron Maiden hört. Ralf ist Justizvollzugsbeamter, im Knast täglich von harten Jungs umgeben. Über seinen Beruf hat er schon öfter mit Hartmut gesprochen. Der sei sehr interessiert an der Thematik. Ralf kann sich vorstellen, dass daraus mal ein Songtext wird. Aber auch wenn nicht: »Der Soundtrack meines Lebens ist PUR.« Ralf weiß, dass das viele so empfinden. Fans schreiben seitenweise ihre Lebensgeschichten auf, um der Band zu signalisieren: Ihr habt mir aus einer Krise geholfen.

»Hartmut macht Gefühle und Gedanken greifbar, fasst in Worte, was man selbst nicht sagen kann«, findet Ralf. Er schätzt Hartmut als Texter sehr. »Es gibt niemanden, der an ihn rankommt. Stephen King ist als Autor vielleicht der Einzige, der mit Hartmut mithalten kann, der in deinem Kopf was auslöst. Okay, er schreibt Horrorgeschichten. Aber das Leben ist auch der nackte Horror. Und Hartmut schreibt über das Leben.«

Für Ralf ist dieser Mann ein Phänomen. Jedenfalls anders als in der Vergangenheit von der Presse dargestellt. Nämlich weder abgehoben noch arrogant. Kein Protz, alles andere als überheblich. Er sagt: »Die Alkoholgeschichte hat ihn menschlicher gemacht. Ich finde ihn null berechnend, sondern ehrlich und authentisch.« Ralf sagt, Hartmut sei ein Star zum Anfassen, wenn auch einer, der seine Rückzugsorte brauche. Er sei keiner, der einen Raum betritt und ruft: »Tschakka, was geht ab?« Bei den Fanclub-Treffen sei Hartmut derjenige, der überrannt wird, den man schützen müsse. In geringen Dosen genieße er den Kontakt zu seinen Fans. Fragt nach, was sie machen, was sie bewegt. Ralf kennt viele Frauen, die Hartmut anhimmeln, vielleicht, weil der eigene Mann zu Hause nicht so viel Gefühl zeigt. Einer, der solche Texte schreibt, der wird doch nicht geizig mit Liebeserklärungen umgehen. Den Satz hat er mehr als einmal gehört.

Es ist ein Satz, der von Katrin stammen könnte. Sie trägt den gleichen Namen wie Hartmuts Freundin, und mit 40 ist sie sogar gleich alt. »Da musste ich schon erst mal schlucken, als ich durch die Presse erfuhr, dass er eine neue Beziehung hat«, sagt sie mit einem Augenzwinkern. »Jetzt, da er wieder eine ›gewöhnliche‹ Frau hat mit bürgerlichem Beruf, also eben keine Sängerin wie Nubya, dachte ich schon: Mensch, das könnte doch ebenso gut ich sein an seiner Seite.« Katrin kommt aus der Nähe von Chemnitz. Sie ist Polizeibeamtin. Tough, nicht auf den Mund gefallen. Außer, Hartmut steht neben ihr. »Der ist ein Typ Mann, der mich sprachlos macht«, sagt sie. Seit 25 Jahren geht sie auf die Konzerte von PUR, viermal hat sie Hartmut getroffen. Fotos mit ihm gemacht, Smalltalk gehalten. Ein bisschen verliebt ist sie in ihn. Obwohl sie ihren eigenen Mann liebt, das Leben mit den Kindern. Aber man wird ja wohl noch schwärmen dürfen. »Ich mag seine warme, herzliche Ausstrahlung und finde ihn besonders aufgrund seiner Intelligenz sehr sexy! Solche gefühlvollen Texte mit so viel Leben und mancher Wortneuschöpfung sprechen für viel Intellekt. PUR haben dadurch für mich ein eigenes Genre geschaffen. Ich bin stolz, so viele Jahre ein Teil von dem Besonderen zu sein, das nicht ständig im Radio gespielt wird.« Seine Stimme findet Katrin erotisch. Und das nicht nur, wenn er singt. Er braucht nur »Wunderschönen guten Abend ...« zu sagen, schon schmilzt sie dahin. »Was ich auch sehr anziehend finde, ist seine Menschlichkeit. Er ist nach so vielen Jahren gar nicht abgebrüht, sondern hat immer noch Lampenfieber, was ich total nachvollziehen kann. Ich halte ihn ja auch für einen Perfektionisten, der immer hohe Ansprüche an sich selbst stellt. Wenn er sich dann aber zum Schluss immer wieder völlig ungeniert im Applaus der Massen badet, spürt man auch seine Erleichterung und sein Selbstbewusstsein, was wiederum süß und sexy ist.« Auch Katrin steht bei Konzerten immer ganz vorn. Und sie trägt jedes Mal einen Hut mit PUR-Logo. Manchmal wirft sie Hartmut einen Kussmund zu, aus Spaß, damit er zurücklächelt. Katrin findet, dass Hartmut zu den Männern gehört, die im Alter noch schöner werden. »Wie Sean Connery und Nicolas Cage.«

Dass es seinen Fans hin und wieder die Sprache verschlägt, wenn sie vor ihm stehen, kann Hartmut verstehen. Er kennt das Gefühl. Es passiere ihm zwar selten, dass ihm Worte fehlten, sagt er, aber einmal, da hatte auch er weiche Knie, als er nach der Echo-Verleihung in den Hotelaufzug trat und plötzlich Steven Tyler gegenüberstand. Der Sänger der Rockband Aerosmith trug lediglich einen Bademantel. Hartmut schwieg erst, dann fing er an, zusammenhangloses Zeug zu stammeln. Warum er plötzlich »Love in an Elevator« schmetterte, einen von Tylers Hits, kann er sich heute nicht mehr erklären. Er schüttelt den Kopf, und ein Lachanfall schüttelt ihn. Wie Tyler auf den singenden Hartmut reagierte? »Der hat Angst bekommen und ist schnell ausgestiegen.« Hätte ja sein können, dass da ein liebeskranker Irrer vor ihm steht, der gleich über ihn herfällt.

Es gibt noch ein paar mehr Superstars, die Hartmut verehrt. Paul McCartney gehört dazu (»ein Wunder«), die Band *Supertramp* auch (mit ihr durfte er bereits ein Medley singen) oder Billy Joel (»Weiche-Knie-Gefahr«). Als PUR zu Gast waren bei »Wetten, dass ..?«, fragte man sie, ob sie Lust hätten, Tina Turner und Madonna kennenzulernen. Die ganze Band raste zu Tina Turner, begeistert von ihrem Charme und ihrer Liebenswürdigkeit. »Wir waren kurz vorm Knicksen«, sagt Hartmut. Bei Madonna hielt sich seine Begeisterung in Grenzen. Wen er dagegen sehr gerne kennenlernen würde, ist Chris Martin, Sänger seiner Lieblingsband *Coldplay*. Es würde ihn zwar nervös machen, sagt er, aber eins interessiert ihn brennend: »Wie kam der auf die Idee, ›Gasthaus‹ aufs Album zu packen?« Da muss es doch Gemeinsamkeiten geben. Hartmut glaubt, dass sie viel Gesprächsstoff hätten.

Doch zurück zu den PUR-Fans. Konfrontiert man sie mit dem Gedanken, dass die Band eines Tages aufhören könnte, Konzerte zu geben, ist da nichts als Schweigen. Und dann die zögerlichen Worte: »Das ist ein grausamer Gedanke.« Ralf Pullmann sagt: »Ich hoffe, es wird keine Suizidwelle geben. Sicher ist: Viele würden in ein Loch fallen. Es gibt einfach keine Alternative. Keine Band, auf die man ausweichen könnte.« Und Katrin sagt: »Die Musik von PUR hilft, dass man vergisst. Und sie hilft, sich zu erinnern. Ein Teil meines Lebens würde mit der Band gehen.«

10.
Warum DSDS ohne Hartmut klarkommen muss

Hartmuts Lieblingsgeschichte von seinem Leben als Popstar geht so: »Wir hatten zwei Auftritte, ich glaube, das war in Berlin. Ich kam nachts gut alkoholisiert in mein Hotelzimmer, ohne jedes Zeitgefühl. Ich legte mich hin und wusste: Am nächsten Tag um 17 Uhr treffen wir uns an der Rezeption. Dann geht's in den Tourbus. Nach wenigen Stunden wachte ich auf, ich muss schon relativ früh im Bett gewesen sein, gegen zwei oder halb drei. Ein Blick auf die Uhr: 16.30 Uhr. Es dämmerte, ich war der Meinung, es wäre Abend und der Bus geht in 'ner halben Stunde. Ich sprang auf, unter die Dusche, dann runter an die Rezeption. Wo sind die denn alle? Wo ist wer? Ich rief meinen Manager an, und er meinte: Weißt du, wie viel Uhr es ist? Ja, 17 Uhr. Nein, es ist fünf am Morgen!!! Ich wusste nur, ich war wahnsinnig müde. Und froh, wieder ins Bett zu dürfen. Bis zum Abend hatte sich die Geschichte natürlich herumgesprochen. Unter großem Jubel wurde mein Arbeitseifer von der Crew gefeiert. Der Hartl kann jetzt schon alle zwölf Stunden ein Konzert spielen. Das muss ich mir heute noch anhören.« Während Hartmut diese Anekdote zum Besten gibt, bricht er immer wieder in Gelächter aus. Die

Geschichte ist seiner Meinung nach nicht nur dem Alkohol geschuldet. Sie ereignete sich, als es beruflich nicht mehr höher und nicht mehr weiter ging, weil die Band bereits auf dem Gipfel angekommen war. Da vergisst man schon mal Raum und Zeit. Es ist heute noch so: Wenn Hartmut mit seiner Band tourt, sind die Tage meist kurz. Da wird schon mal bis 15 Uhr geschlafen, ein Konzert gespielt bis spät in der Nacht. »Wenn morgens die Euphorie abflacht, ist es im-

mer noch nicht hell. Man geht also im Dunkeln ins Bett, und kurz nachdem man aufsteht, dämmert es schon wieder.« Das bringt den Organismus durcheinander. Hartmut ist jedoch überzeugt davon, dass ihm das heute nicht mehr passieren würde. Als frischgebackener Popstar ließ er keine Party aus. Heute feiert er nach einem Konzert nicht mehr so lange. Wichtiger ist ihm, am nächsten Tag fit zu sein. Das heißt nicht, dass er früh ins Bett geht. Ein Nachtmensch ist er nach wie vor. Er könne es sehr gut verstehen, wenn Kollegen bis fünf Uhr am Morgen an der Hotelbar sitzen, sagt er. »Wenn ich um 23 Uhr von der Bühne gehe, schlafe ich definitiv auch nicht vor vier.«

Die Konzerte sind für ihn das Schönste am Popstar-Dasein. Die Energie, die ihn zweieinhalb Stunden einhüllt wie ein warmer Mantel. Das Adrenalin, das ihn hellwach macht. Die Glückshormone, die ihn überfluten. Und danach? Was fühlt er, wenn er nach einem Auftritt vor Tausenden von Menschen von der Bühne kommt? Vor 15 Jahren hätte er geantwortet: »Das ist das einzige Gefühl, das besser ist als ein Orgasmus.« Heute sieht er es so, dass »der Orgasmus vielleicht nicht mehr denselben Stellenwert hat.

Es ist für mich aber immer noch der größtmögliche Glücksmoment, den ich haben kann. Nach einem großen Konzert runterzugehen und es geschafft zu haben.« Natürlich hat er Spaß auf der Bühne. Aber Hartmut ist dabei so hochkonzentriert, weil er unbedingt alles richtig machen möchte, dass er manchmal erst hinterher bemerkt, dass das gerade ganz großes Kino war. Je mehr ein Konzert dem Ende entgegengeht, umso entspannter ist er. Dann seien da Freude, Genuss, Erleichterung. »Und wenn's dann richtig durch ist, denkt man: Woah. Ist das toll! Das ist durch nichts, was ich kenne, zu toppen. Ich brauch kein Bungee-Jumping, für mich ist das auch eine Form von Selbstüberwindung.« Zwar habe er immer gern im Mittelpunkt gestanden, doch sei er durch seine Erziehung nicht unbedingt dafür prädestiniert gewesen, ein Konzert vor fast 70 000 Menschen zu wuppen. Schüchtern war er nie, aber so offensiv eben auch nicht.

Nach einer Show auf Schalke lässt Hartmut es nach wie vor krachen. Dann wird mit 500 Leuten Party gemacht, viele Freunde und Verwandte aus der Heimat sind dabei. Auch Hartmuts Söhne reisen dann an, mit ihren Kumpels im Gepäck. Es ist ein Event, nach dem die Glücksgefühle Hartmut noch lange begleiten. Bereits sechsmal haben PUR in der Veltins-Arena in Gelsenkirchen gespielt, zuletzt 2017 – fast immer war die Arena bis auf den letzten Platz besetzt. Ob es ein nächstes Mal geben wird, darüber herrscht (noch) Schweigen im PUR-Kosmos. Zum 40-jährigen Jubiläum vielleicht, das sich mit Riesenschritten nähert?

Ist Hartmut mit seinen Musikerkollegen auf Tour, geht es gediegener zu. Dann trifft man sich nach der Show meistens noch an der Hotelbar, um sich auszutauschen. »Wir sehen uns ja übers Jahr auch nicht dauernd.« Tritt Hartmut nahe seiner Heimatstadt auf, etwa in Stuttgart, treffen sich die Familien und engsten Freunde nach der Show mit der Band backstage, bevor es für eine Nacht nach Hause geht. Weil er mit allen Tour-Fahrern gut befreundet ist – zwei sind Polizisten und gleichzeitig seine Securities, einer ist Physiotherapeut –, bietet Hartmut ihnen die Gästebetten in seinem Haus an. Er liebt die Poolpartys, die er mit seinen Freunden in den eigenen vier Wänden feiern kann. Die Nacht endet meistens damit, dass vier Männer im Whirlpool sitzen und Männergespräche führen. »Da lässt man halt im wahrsten Sinne des Wortes die Hosen runter«, sagt er dazu. »Da sagt man schon mal Dinge, die man sonst nur seinem Psychiater erzählen würde.«

Dass Hartmut redegewandt ist und was zu sagen hat, weiß jeder, der schon Interviews mit ihm gehört oder gelesen hat. Trotzdem hielt er sich von Talkshows lange fern. Zum einen plagt ihn Lampenfieber (dieses Thema hat ein eigenes Kapitel verdient), zum anderen war ihm lange nicht bewusst, welch imagefördernde Wirkung diese Formate haben können. Und, das verrät seine Freundin Daniela Breier: »Er nimmt sich selbst nicht so wichtig.« 2015 hatte Hartmut diesbezüglich seinen Aha-Moment. Er wurde Teilnehmer der VOX-Sendung »Sing meinen Song – Das Tauschkonzert« – eine Sendung, bei der, so formulierte es 2018 der Stern, »erfolgreiche Menschen unter optimalen Bedingungen unter dem blauen Himmel Südafrikas miteinander Zeit verbringen«. Es gibt weder Drama noch Verlierer, es geht, so sagt es Hartmut, essentiell um Musik. Stars interpretieren Songs ihrer Kollegen und lösen damit große Emotionen aus. Hartmut sang den Söhne-Mannheims-Hit »Freiheit« und begeisterte damit nicht nur Xavier Naidoo. Hartmut schätzt an dem Format, dass die lange Sendezeit es zulässt, dass sich auch Alphatiere mal entspannt zurücklehnen können, ohne die Sorge zu haben, zu kurz zu kommen. Die Fernsehzuschauer hatten ihrerseits ihr Aha-Erlebnis. Nach der Ausstrahlung der Show galt Hartmut als Sympathieträger. Vergessen waren die Zeiten, in denen man ihn mit einem Schlagersänger in Verbindung brachte, der er nie war. Und in denen man ihn auf sein Äußeres reduzierte. »Endlich konnte man sehen, wie du wirklich bist«, freuten sich die Bandkollegen über den Erfolg der Show, die alle Zuschauerrekorde brach – die Folge mit Hartmut erreichte einen Marktanteil von 22,3 Prozent. Der Mitteldeutschen Zeitung sagte Hartmut 2018: »Tatsächlich sind viele Menschen auf mich zugekommen, die sich vorher gar nicht für uns interessiert haben oder auch einfach ein Klischee vor Augen hatten. Die kannten Lieder wie ›Lena‹, ›Funkelperlenaugen‹ oder ›Hör gut zu‹ und hielten uns für eine Gute-Laune-Band, von der ab und zu mal was im Radio läuft. Über die Show haben wir klarmachen können, dass doch mehr Substanz dahintersteckt bezüglich der Geschichte von PUR und auch der Unterschiedlichkeit der Musikstile, die sich bei uns zusammenfinden. In den Jahren zuvor ist es bei Fernsehauftritten hauptsächlich darum gegangen, die eigene Musik anzupreisen. Aber längere Zeit als Mensch zu agieren, der nichts verkaufen muss, sondern einfach Spaß hat, dazu hatte ich nie die Möglichkeit. Ich konnte ein paar Facetten mehr weitergeben, was unserem Bild in der Öffentlichkeit gutgetan hat.« Hartmut erinnert sich daran, dass er sich wohlgefühlt hat und zum ersten Mal die Kameras vergessen konnte.

Als Daniel Wirtz seine Version von »Wenn sie diesen Tango hört« sang, flossen bei Hartmut Tränen, und er kürte die Interpretation seines Kollegen zum »Song des Abends«.

Daniel Wirtz sagte: »Für mich ist das emotional das Härteste, weil ich eine sehr, sehr persönliche Beziehung zu dem Song habe.« Er müsse dabei immer an seine verstorbene Oma denken. »Es war ein bisschen so, als ob ich gar nicht wüsste, wer diesen Text geschrieben hat. Es hätte auch der Daniel sein können. Es hat mich komplett berührt«, reagierte Hartmut darauf, der beim Schreiben des Songs seine Mama im Hinterkopf hatte.

Gemeinsam mit den anderen Teilnehmern der Show gewann er wenig später den »Bambi« in der Kategorie Musik National. Und das ganze wurde noch getoppt: Das Album »Achtung«, das PUR im selben Jahr veröffentlichten, führte die Charts an. Wenig später gab es für PUR den fünften »Echo«. Die »Achtung«-Tour war ausverkauft, 400 000 Menschen haben sie gesehen. Ein voller Erfolg also – übrigens auch zwischenmenschlich. Mit Xavier Naidoo und Daniel Wirtz freundete sich Hartmut während der Dreharbeiten an. Und es blieb nicht beim Floskelaustausch »Lass uns mal zusammen was machen«. Nachdem Hartmut Xavier einen Song geschickt hatte, stand der tatsächlich vor seiner Tür, und gemeinsam verpassten sie ihm den letzten

Schliff und sangen den Titel ein: »Wer hält die Welt«. Sowohl mit Daniel Wirtz als auch mit Xavier Naidoo hat Hartmut bis heute Kontakt.

Er ist noch immer wählerisch in Sachen TV-Promotion, findet Talkshows aber inzwischen sinnvoll, weil er begriffen hat, dass er sie als Imagewerbung nutzen kann. »Es ist nicht wichtig, dass die Leute hinterher sofort die neue CD kaufen. Wichtiger ist, dass sie sagen: Das Thema interessiert mich.« Deshalb sagt er auch zu Fernsehshows wie »Schlagerboom« nicht nein, auch wenn er weiß, dass er da in der falschen Schublade steckt. Aber von den sieben Millionen Fernsehzuschauern hören eben etliche gerne PUR. »Wir haben mit dem Schlager musikalisch nichts zu tun, und ich höre auch nicht gern Schlager. Ich verstehe, dass die Leute feiern wollen, das ist Musik fürs Festzelt, und das funktioniert auch toll.« Er weiß, dass es Menschen gibt, die PUR als Schlagerband sehen. »Wir tun ja auch alles dafür.« Er lacht. »Wenn wir bei Schlagerboom auftreten, können wir uns nicht beschweren, wenn sie hinterher sagen: Das ist 'ne Schlagerband. Wir heulen da mit den Wölfen. Weil man das manchmal tun muss, wenn man bestimmte Ziele erreichen will. Wenn man das als Beruf verstanden hat, ist man manchmal auch gezwungen, Dinge zu tun, die man vielleicht von der persönlichen Einschätzung her nicht getan hätte.«

Die positive Wirkung nach »Sing meinen Song« hält bis heute an. Drei Jahre später wird das neue Album begeistert angenommen, sind die Shows ausverkauft und der Terminkalender ist voll. Das Interesse der Journalisten lässt nicht nach. Längst bedeutet Promo nicht mehr den Kampf gegen Windmühlen. »Nach der Sendung kamen alle mit viel größerem Respekt auf mich zu. Dass zum Beispiel einer von der Frankfurter Allgemeinen Sonntagszeitung anruft und sagt: Ihr seid Jahrzehnte erfolgreich, PUR, das ist ein Phänomen. Oder der Stern ein exklusives Interview druckt, das ist eine Wertschätzung, die wir auf die alten Tage erfahren.«

Auf Kritik reagiert Hartmut wie gesagt gelassen. »Wir zwingen ja niemanden, uns zu hören.« Dass PUR polarisieren, wie es in den 1990ern stets hieß – diese Band konnte man nur lieben oder hassen, etwas dazwischen gab es nicht –, empfindet Hartmut schon lange nicht mehr so. »Ich treffe ganz viele Menschen, die uns toll finden. Die Zeit des extremen Polarisierens ist durch. Ich sehe keinen mehr, der mich hasst für das, was ich tue.« Er erinnert sich an Zeiten, da wurde ihm auf dem Weg zu einem Fußballspiel hinterher gerufen: »Da ist die schwule Sau von PUR!« So was muss er sich heute nicht mehr anhören. Wenn er bis zu zehnmal im Jahr zwischen Mallorca und Bietigheim hin und her pendelt, begegnet er vielen Menschen, die sich »entweder nicht um mich kümmern oder sich extrem lieb um mich kümmern. Es gibt fast keinen Menschen in diesem Land, der noch nicht auf einen PUR-Party-Mix abgetanzt hat. Wir tun niemandem etwas, wir singen nicht, hau dem anderen in die Fresse, sondern wir reden von Achtung und Respekt. Und das ernten wir heute auch.« 2016 sagte er der Heilbronner Stimme: »Der Erfolg gibt uns recht, heute gelten wir als Kultband und nicht mehr als merkwürdige Provinzmusiker.«

In den größten Shows mitmischen zur besten Sendezeit, das macht Hartmut allerdings nicht um jeden Preis. Wenn ihm eine Anfrage fürs Dschungelcamp ins Haus flattern würde, er wäre beleidigt. Auch wenn er selbst die eine oder andere Staffel verfolgt hat, »weil ich meistens jemanden persönlich kannte und es spannend fand, wie der sich verkauft«. Viel lieber schaut er sich »Das Dschungelbuch« in der Originalversion an. Es ist der Film, den er so oft gesehen hat wie keinen anderen. »Titanic« ist noch so ein Dauerbrenner. Viermal war er im Kino, sechsmal hat er sich das Drama zu Hause angesehen. Und jedes Mal an denselben drei Stellen geweint. Hartmut ist außerdem »Tatort«-Fan und, er gibt es offen zu, er verpasste jahrelang keine Folge der »Lindenstraße«. »Die meisten Darsteller waren schon auf unseren Konzerten«, freut er sich.

Den Jury-Sessel bei DSDS hat er zweimal abgelehnt. Er mag die Mutter aller Castingshows nicht. »Damit möchte ich nichts zu tun haben. Ich habe große Probleme mit der Respektlosigkeit, die da herrscht, und wie Leute vorgeführt werden. Ich kann nicht mehr sagen: Ich war jung und brauchte das Geld. Die Entschuldigung gibt's für mich nicht mehr.« Er könne erklären, warum er zum Schlagerboom gehe, aber er könnte nicht erklären, warum er sich da hinsetze und Menschen beurteile. Als er mitbekam, dass sein Freund Xavier Naidoo anders entschieden hat und auf dem Jury-Sessel Platz nahm, musste er schlucken. »Ich kann grundsätzlich irgendwie alles nachvollziehen, aber da komme ich auch an Grenzen.« Persönlich gesagt hat er es ihm nicht. »Ich melde mich nicht, um zu meckern, wenn ich mich nicht ein halbes Jahr vorher gemeldet habe, um zu loben.«

Ein Jahr, nachdem DSDS zum ersten Mal ausgestrahlt wurde, sagte Hartmut in einem Interview mit Frank Elstner, dass er seine Kinder niemals zu einer Castingshow schicken würde. 2003 war das. »Den Kindern wird vorgegaukelt, dass sie Popstars seien. Das sind Gewinner von Talentwettbewerben, und mehr nicht. Das ist ein Etikettenschwindel. Das funktioniert als Fernsehformat wunderbar, ist sehr spannend. Aber was hinterher mit den Kindern geschieht! Irgendwann muss man die medientechnisch entsorgen, denn so viel Platz gibt's ja gar nicht. Es kommen immer mehr, die stehen Schlange, sind alle Popstars, Superstars. … Ich hoffe, dass hinterher eine psychologische Betreuung stattfindet. Wenn man mit 17 oder 20 ein Jahr lang Popstar spielen darf, und hinterher ist nichts mehr. Das ist ziemlich grausam.« Und es war damals erst der Anfang.

Wäre er heute nochmal jung, der Hartmut von einst, Sänger einer Schülerband mit einem Traum, er hätte es wohl nicht leicht. Die Musikszene hat sich verändert. Dass sich Bands Wochenende für Wochenende in einem Jugendhaus präsentieren können, das gebe es heute nicht mehr, sagt Hartmut. Heute habe niemand mehr Zeit, sich zu entwickeln. »Weil schon das Erste, was du veröffentlichst, medial übers Internet explodieren kann – dann stehst du da unvorbereitet. Dann hast du sofort einen Stempel drauf, und alles verbreitet sich blitzschnell. Oder es geht gar nichts, und dann kommste auch nicht weiter.« Schwierig findet er das. Und bedauernswert.

Er hat den Weg von AnnenMayKantereit verfolgt, eine Kölner Band, auf die seine Söhne abfahren. Von der Straße in die Kellerclubs und dann – quasi über Nacht – in die großen Hallen. Millionen Klicks im Internet. Major-Deal mit der Plattenfirma. Ja, so könne das heute gehen. Hartmut findet das einerseits spannend, andererseits sieht er die große Gefahr der Überforderung, weil alles viel zu schnell geht. Von vielen Künstlern höre man schon nach der ersten Platte nichts mehr, weil der Sound und die Performance schlecht gewesen seien. Nicht so bei *AnnenMayKantereit*. Die haben mittlerweile ihr zweites Album draußen und spielen immer noch in ausverkauften Hallen. Hartmut hat sie im Ludwigsburger Scala beim Soundcheck kennengelernt. Ihn begeistern die deutschen Texte des Sängers und sein Charisma. »Gibt es tatsächlich noch junge Bildungsbürger?«, fragte er sich nach dem Konzert. Schließlich hatten sich die Musiker in einigen Textzeilen bei Rainer Maria Rilke bedient, einem der bedeutendsten Dichter der literarischen Moderne.

Ich glaub, mein Blick ist vom Vorüberziehen der Städte
So müde, dass er nichts mehr hält
Mir ist, als ob es tausend Städte gäbe
Und hinter tausend Städten keine Welt …«

Wenn Hartmut den Refrain von »Marie« hört, muss er unwillkürlich schmunzeln. »Die Vögel scheißen vom Himmel, und ich schau dabei zu« – die Zeilen erinnern ihn daran, wie er auf Mallorca am Strand von Es Trenc saß und eine Möwe ihm in die Pommes schiss, die er gerade aß.

Hätte er selbst gerne zwei Popstars großgezogen? »Nee, ich bin so froh, dass ich zwei junge Männer mit großgezogen habe, die sich eigenständig in dieser Gesellschaft zurechtfinden, auch wenn sie sich immer auf mich verlassen können. Meine Söhne haben Selbstvertrauen. Sie sind in Branchen unterwegs, in denen ich natürlich etwas helfen kann, weil ich viele Leute kenne. Aber das isses dann auch schon. Die Leistung müssen sie selber bringen.« Beide halten sich von der Musikbranche fern. Über ihren berühmten Vater haben sie sich noch nie öffentlich geäußert, sie geben keine Interviews. Rote-Teppich-Auftritte vermeiden sie, und die WG, in der einer der beiden jetzt lebt, hat seinen Nachnamen erst beim Unterschreiben des Mietvertrags erfahren. Sie seien stolz auf ihren Papa, weiß Hartmut. Ein öffentliches Leben führen, darauf verzichten sie gern.

Wohl auch dank seiner Söhne ist Hartmut Social-Media-affin. Einen eigenen Instagram-Account hat er nicht. Auch kein Facebook-Profil. Aber er beobachtet, was sich auf der offiziellen PUR-Seite auf Facebook tut. Rund 305 000 User haben die Seite abonniert.

Für Hartmut fühlt sich alles gut an, so wie es jetzt ist. Alle drei Jahre ein Album. Dazu Tourneen. Interviews. Nonstop unterwegs sein wie zu Abenteuerland-Zeiten in Höchstgeschwindigkeit? Nein, danke. Darauf hat er keine Lust mehr. Die Nummer eins zu sein als Band in den Charts, ausverkaufte Tourneen, es mal geschafft zu haben, sei gut fürs Ego, sagt Hartmut. »Aber man braucht ein noch heftigeres Ego, wenn man das andauernd halten will. Es ist schön, dass wir mit dem zehnten Album auf Platz eins gelandet sind, in den Media-Control-Charts, das ist schon Irrsinn genug. Aber das ist nicht mehr das auserkorene Ziel. Ich könnte noch viel mehr Promo machen, wenn ich diesen Elan und das Sendungsbewusstsein von damals hätte. Ich könnte allen möglichen Leuten erklären, sie müssen unbedingt diese CD hören. Aber es gibt andere Sachen, die mir auch gut gefallen. Im Garten liegen, meine Katze streicheln, das mache ich viel lieber, als noch ein Interview zu geben und noch eins.« Dass sie zum fünften Mal den Echo als beste Band national abgesahnt haben, hat Hartmut verblüfft. Noch wichtiger ist ihm, mit allen Alben nominiert gewesen zu sein. Zu den besten fünf zu gehören. Damals wie heute.

11.
Warum Hartmut kein Popstar in der Fremde sein möchte

96 Journalisten haben eine Lieblingsfrage an Hartmut: »Warum leben Sie immer noch in Bietigheim-Bissingen?« Genauso gut könnten sie fragen: »Warum, um Gottes willen, verlassen Sie dieses hinterwäldlerische schwäbische Kaff nicht, obwohl Sie sich locker eine Villa am Genfer See leisten könnten?« Ja, warum eigentlich nicht? Vielleicht deshalb, weil er genauso bodenständig ist wie der Ort, in dem er lebt. Weil seine Eltern ihm vermittelt haben, dass Heimat ein hohes Gut ist. Und: Weil viele seiner Freunde hier leben. Vor zwanzig Jahren schon hat Hartmut diese Frage beantwortet, und er tut es heute noch, um all die fassungslosen Journalisten zu beruhigen, die ihm ein glamouröseres Umfeld wünschen.

Mehr als 43 000 Menschen leben in der Großen Kreisstadt, in der ordentlich geschwäbelt wird. Stuttgart ist 20 Kilometer entfernt, Heilbronn auch. Es ist ein Städtchen, das einen großen Badepark hat, ein Eisenbahnviadukt und einen Bürgergarten, mit dem man sich viel Mühe gegeben hat, damals, als 1989 die Landesgartenschau zu Gast war. Grün steht Bietigheim gut. Und sonst? Fachwerkhäuser, Skulpturen, Kopfsteinpflaster. Allein der Spaziergang von der oberen in die untere Fußgängerzone der Altstadt hat was. Vor der Villa Visconti mit ihren 300 Kopfskulpturen an der Klinkerfassade bleiben die Touristen stehen, das Rathaus ist ein Schmuckstück, und wer ein paar Schlenker macht, entdeckt kleine Häuschen in engen Gassen mit versteckten Gärtchen, so verwunschen wie auf den Fotos in südfranzösischen Urlaubsprospekten. Es gibt ein Hexenwegle und ein Schwätzgässle. Und einen Brunnen mit einer Kuh auf der Kanne, der sich Ku(h)riosum nennt. Nur ein paar Meter entfernt fließt die Enz, auf der gepaddelt wird und an deren Ufern Angestellte ihre Mittagspause verbringen. Die Bietigheimer Altstadt ist eine schöne. Und wenn sie ein Talent hat, dann ist das: Entschleunigung.

Wer durch Bietigheim flaniert, stellt sich nicht die Frage, *ob*, sondern *wann* ihm Hartmut über den Weg laufen wird. Er ist hier gerne unterwegs. »Ich traue mich sogar in Jogginghosen in die Stadt. Da bin ich uneitel.« Weder fühlt er sich beobachtet, noch wird er ständig angesprochen. Und wenn doch mal einer fragt: »Sie hier?«, dann antwortet er achselzuckend: »Ja, irgendwo muss ich ja auch sein.« Die Menschen in Bietigheim sind so unaufgeregt wie ihr Städtchen. Steht der Popstar neben ihnen am Milchregal im Supermarkt, nicken sie ihm freundlich zu und gehen ihrer Wege. »I sott no ebbes doa dr hoim.« (Ich muss zu Hause noch etwas erledigen.) Hartmut ist einer von ihnen. Neid schlug ihm hier noch keiner entgegen. »Ich habe eher das Gefühl, dass sie sich freuen, dass PUR hiergeblieben sind, in ihrer Stadt. Wenn die Leute verreisen und erzählen, woher sie stammen, dann heißt es oft: Da kommen doch PUR her!«

Stellt man Hartmut die Frage, die er Journalisten so oft beantworten muss, dann sagt er: »Ach, dieses Zurückkommen dahin, wo man hingehört, das ist einfach wahnsinnig drin in mir. Ich finde es jetzt als fast schon älterer Herr schön, an ganz vielen Stellen so einer Stadt ein gewisses Vertrauen zu haben. In Leute, die ich schon lange kenne. Was mir ja sonst nirgendwo passiert. Wenn ich dieses Stückchen Welt irgendwo anders hin verpflanzen könnte, hätte ich es manchmal leichter. Aber ich gehe hier raus, die Leute kennen mich. Das wäre woanders auch so, aber da kenne ich die Leute nicht. Da bin ich Popstar in der Fremde.«

Großstädte gehen ihm nach ein paar Tagen auf die Nerven. Dieses Gewusel. Drei, vier Tage London – das findet er wunderbar. Es ist noch gar nicht lange her, da jettete er mit Freunden in die englische Hauptstadt, um vier Musicals zu besuchen. »Mamma Mia« (den Film hat er sich dreimal im Kino angeschaut), »König der Löwen«, »Kinky Boots« und »Les Misérables«. Anschließend kehrte er fröhlich zurück in die Heimat. Für Promo-Termine tingelt er ständig von Großstadt zu Großstadt. Berlin, Leipzig, Hamburg. Dann staunt er über die Architektur und ist froh, wenn er nach zwei Tagen wieder abreisen darf. Um zu unterstreichen, was Menschenmassen bei ihm auslösen, erzählt Hartmut von einer Reise nach China für den Kampagnen-Song von Thyssenkrupp. Davon, wie er in Peking stand und in Shanghai und ihm bewusst wurde, wie viel Platz er in Bietigheim hat. »Dort konnten die Menschen kaum normal gehen vor Enge.« Eine diffuse Angst habe er da gespürt.

Hartmut fühlt sich mit den Menschen in seiner Heimat

verbunden, auch wenn er sich die schwäbischen Gepflogenheiten eher nicht angeeignet hat. »Typisch schwäbisch wäre ja: schaffe, schaffe, Häusle baua. Natürlich hab ich viel geschafft für die Band und für die Musik. Aber nicht, um ein Haus zu bauen. Der Schwabe – das klingt für Außenstehende oft so: kleinkariert und zielgerichtet. Ich glaube schon, dass ich zuverlässig bin, ist das schwäbisch? Pünktlich bin ich auch, und wenn nicht, habe ich einen guten Grund. Ich ziehe Dinge durch. Setze mir ein Ziel, und dann will ich das auch erreichen.«

Noch immer schlägt sein Herz für den Sport. Es interessiert ihn brennend, was die Vereine um die Ecke leisten. Bei manchen Teams ist er Stammgast auf den Zuschauerrängen, vorausgesetzt, er hat Zeit. Bei der SG BBM zum Beispiel. Die Bietigheimer Handballerinnen und Handballer spielen in der 1. Bundesliga. Hartmut griff bereits als Ehrengast und Glücksbringer in die Lostrommel, um den Gegner fürs Halbfinale im Pokal-Wettbewerb zu ziehen. Mehr als einmal hat er sich gemeinsam mit den Sportlern für Behinderte starkgemacht. Beim VfB Stuttgart ist Hartmut Mitglied, und auch die Basketballspiele der Ludwigsburger MHP Riesen sieht er sich gerne an. Und wenn die Bietigheimer Steelers mit ihren Eishockeyschlägern durch die EgeTrans-Arena donnern, trifft man ihn häufig im VIP-Bereich. Wenn Fans die gegnerische Mannschaft anfeuern mit »Landshut! Landshut!«, klingt das für ihn wie »Hartmut! Hartmut!« – man hört ja nur die Vokale. Das amüsiert ihn, ja, dieser Mann beschäftigt sich gerne mit Sprache. Da passt es gut, dass er im Februar 2019 Botschafter der Alphabetisierungskampagne im Ländle wurde. Gemeinsam mit Kultusministerin Susanne Eisenmann möchte er Betroffene ermutigen, Hilfe anzunehmen. »Mich hat es echt erschlagen, dass es in Baden-Württemberg fast eine Million Erwachsene gibt, die nicht richtig Lesen und Schreiben können. Das muss sich unbedingt ändern. Wie sollen die Leute sonst an irgendetwas teilnehmen können?«

Ihre Bekanntheit nutzen Hartmut und seine Band auch

dafür, den Hilfsorganisationen in ihrer Heimatstadt unter die Arme zu greifen. 2008 und 2011 gaben PUR Benefizkonzerte unterm Bietigheimer Viadukt. Den Erlös von mehr als 700 000 Euro spendeten sie an vier Einrichtungen vor Ort.

Vor Ort sind auch viele von Hartmuts engsten Freunden. Hombre etwa, sein Wegbegleiter seit mehr als 30 Jahren. Ein Fels in der Brandung, der die Karriere von PUR in Echtzeit verfolgt hat. Der den Hartmut vor dem großen Durchbruch genauso gut kannte wie den Hartmut danach. Und der betont, dass sich die beiden kaum voneinander unterscheiden. »Auf den Hartmut kann man sich immer noch zu 100 Prozent verlassen.« Das sieht auch Tourmanagerin Daniela Breier so, die Hartmut als seine beste Freundin bezeichnet – sie wohnt nur ein paar Katzensprünge entfernt. »Hartmut ist ein sehr verständnisvoller Typ«, sagt sie. Kein harter Kerl, stattdessen tolerant, offen, harmoniebedürftig, »ein toller Gesprächspartner, bei dem ein Problem gut aufgehoben ist. Ein lebenslanger Gefährte. Ein Menschenfreund.« Im Weißbierhaus sind sie sich zum ersten Mal begegnet Anfang der 1990er. Der Musiker Cherry Gehring, mit dem Danny, wie sie von allen genannt wird, damals liiert war, hatte sie miteinander bekannt gemacht. Sie studierte Architektur und begann im PUR-Büro zu jobben. Dass sie sowohl beruflich als auch privat einmal so eng verbunden sein würden, ahnte sie nicht. Heute feiern sie Silvester zusammen, fliegen gemeinsam nach Mallorca. Es ist eine Freundschaft auf Augenhöhe. Hartmut sei wie ein offenes Buch, sagt Danny, »er lügt nicht. Nie.« Und wie ist er als Chef? Sie lächelt. »Er ist ein guter, ungeduldiger Chef.« Wenn Hartmut eine Idee hat, für die er brennt, dann muss alles zack-zack gehen. »Aber das wird mit zunehmendem Alter besser.« Sie schmunzelt. »Außerdem reflektiert er sehr gut.« Dass viele Frauen auf den Frontmann stehen, kann Danny nachvollziehen. Er sei schließlich ein sehr attraktiver Mann, der mit zunehmendem Alter noch viel interessanter werde. Das Redenkönnen, das Weiche, Gefühlvolle an Hartl, das ziehe viele an.

Hartmut ist einer, der seine Freundschaften pflegt. Zu seinem engeren Kreis gehören auch Promis. Sportler wie Christian Gentner vom VfB Stuttgart oder Real-Madrid-Star Toni Kroos sind darunter. Für Letzteren sang er auf der Hochzeit. Um ein Statement fürs Buch gebeten, antwortet der Fußballer prompt: »Mit Hartmut verbindet mich jetzt schon eine langjährige Freundschaft. Mit ihm kann ich mich wunderbar unterhalten, und das große Interesse am Beruf des jeweils anderen bietet uns immer wieder viel Gesprächsstoff. Dass Hartmut zudem Botschafter meiner Stiftung ist, mit der wir schwerkranken Kindern und deren Familien helfen, sagt zusätzlich viel über ihn als Menschen aus.«

Ein Freund fürs Leben ist auch Stefan Kuntz, ehemaliger Fußball-Profi und heutiger Trainer der deutschen U21-Nationalmannschaft. Als PUR in den 1990ern Furore machten, wurde Stefan Kuntz mit dem 1. FC Kaiserslautern Deutscher Meister. Er wurde mehrfach Torschützenkönig und spielte erfolgreich in der deutschen Nationalelf. 1996 wurde er mit dem DFB-Team Europameister. Hartmut ließ es sich nicht nehmen, beim Halbfinale und beim Finale im Londoner Wembley-Stadion dabei zu sein. Über Bekannte lernten sich Hartmut und Stefan kennen und ermöglichten sich gegenseitig spannende Einblicke in zwei völlig unterschiedliche Welten. Beide kennen das Leben in der Öffentlichkeit mit all seinen Schattenseiten, beide durchlebten Höhen und Tiefen. Kurz bevor Stefan Kuntz seine Profi-Karriere beendete, fühlte er sich ausgebrannt. Hartmut lud ihn zum Batterien-Aufladen in sein Haus auf Mallorca ein. Es war der Beginn einer noch tieferen Freundschaft. Stefan schätzt Hartmuts Sensibilität, spricht von ihm als Seelenpartner. Auch heute noch treffen sie sich meistens auf der Baleareninsel, die sie beide lieben und wo sie »lange, intime Gespräche führen – sofern wir ein Zeitfenster finden. Hartmut ist ein Nachtmensch, ich bin tagsüber fitter.«

Um bei Stefans Abschiedsspiel dabei sein zu können, ließ sich Hartmut mit einem Hubschrauber ins Stadion fliegen – er hatte am selben Abend noch eine Show zu spielen. »Das war ein Auftritt!«, erinnert sich Stefan Kuntz. »Wir hatten einen unglaublichen Spaß.« Auch auf dem Rasen übrigens, wo Hartmut sein fußballerisches Talent demonstrieren konnte. »Er ist definitiv ein besserer Sänger«, sagt sein

Freund schelmisch lachend dazu. Im Gegenzug war Stefan Kuntz 2018 bei einem Videodreh von PUR dabei – sang mit weiteren befreundeten Promis »Zu Ende träumen«. Ob er musikalisch ist? »Der Hartmut würde es schade finden, wenn ich mit meiner Stimme Geld verdienen müsste.« Dann also doch lieber gemeinsam Fußball schauen. Manches WM-Spiel haben die beiden zusammen auf Mallorca verfolgt und ordentlich gefachsimpelt. Hat Hartmut Ahnung von Fußball? »Ja, zumindest ist er neugierig. Wenn ich etwas anders sehe, will er wissen, warum.«

Und es gibt noch eine Gemeinsamkeit: Beide sind am Herd keine Helden. Trotzdem treffen sie sich einmal im Jahr in Herxheim im Sterne-Restaurant Krone zur Küchenparty. Dort genießen sie nicht nur ein mehrgängiges Menü, sondern stellen sich selbst an die Töpfe – für den guten Zweck. Hartmut hat schon Spätzle geschabt, unter fachkundiger Anleitung, versteht sich. »Und es endet immer damit, dass er a cappella ein oder zwei Lieder anstimmen muss.«

Die meisten von Hartmuts Freunden sind nicht prominent. Natürlich kennt er eine Menge bekannter Leute, vor allem aus dem Musikbusiness. »Es gibt freundschaftliche musikalische Verbundenheit. Aber ein enger privater Kontakt, der ist schwer zu pflegen, weil die ja nicht hier in Bietigheim-Bissingen wohnen. Wir sind ja fast die einzigen Promis hier.« Er lacht. Einmal im Jahr geht er Rostbraten essen mit seinem guten Freund Peter Freudenthaler von der Band Fools Garden. Auch Tobias Künzel von den Prinzen zählt er zu seinen engen Freunden. Ihn hat er schon nach Mallorca mitgenommen.

Seine Freunde aus der Stadt trifft er mehrmals in der Woche. Gibt es im Bürgergarten ein Konzert, ist es gut möglich, dass Hartmut zuhört. Er steht oft auf den Gästelisten verschiedener Locations der Region. Meistens entscheidet er spontan, ob er hingeht. Wo man ihn nahezu jedes Jahr trifft, ist das Pferdemarkt-Festzelt, wo er gerne mit Hombre sitzt. Und natürlich kennt er viele Restaurants der Stadt seit Jahrzehnten. Das *Schiller* zum Beispiel, in dem Hartmut

und seine Klassenkameraden den Beginn der Sommerferien feierten, mit einem Andechser Doppelbock vom Fass. Heute duzt er den Chef und teilt mit ihm manche Anekdote. Er mag die gutbürgerliche, aber dennoch gehobene Küche. Auch in der *Rose* ist er gern zu Gast, wo die Gebrüder Maerz seit einigen Jahren einen Stern ihr Eigen nennen dürfen. »Ich liebe gutes Essen«, sagt Hartmut. »Und ich liebe fieses Essen wie Lahmacun. Das ganze Zeug von den Lieferdiensten. Wenn ich richtig gut gegessen habe, dann darf's danach was Fettiges sein.« Und rustikal mag er auch. Ebenfalls seit Jugendtagen geht er in die *Lehmgrube* – Restaurant und Weinstube in einem, bekannt für ihre regionale Küche und für den großen mediterranen Garten. »Da haben wir schon Platz 1 in den Charts gefeiert Mitte der Neunziger«, sagt er. Und dort gehen die Musiker noch heute gerne hin, seit das Lokal wieder eröffnet wurde nach einer längeren Pause. »Da kann man um 18 Uhr schön was essen und um 20 Uhr was anderes machen.«

Hartmut hat übrigens nicht nur gute Freunde, sondern auch Freundinnen.

»Du kannst auch platonisch?«

Er lacht. »Das muss es ja nicht heißen.«

»Aha.«

»Zumindest kann sich aus irgendetwas eine platonische Freundschaft entwickeln. Manchmal gibt es zwischen Mann und Frau so eine Grundspannung. Wenn man die kurzfristig kanalisiert, kann das in eine normale Freundschaft übergehen. Ich habe alle möglichen Sachen schon erlebt. Ganz platonisch, halb platonisch …«

Er grinst. Mal wieder.

12.
Warum Hartmut das Lampenfieber nicht loswird

106 Hartmut ist ein begehrter Interviewpartner. Kaum war das neue Album »Zwischen den Welten« draußen, luden die Fernsehsender den Popstar in ihre Studios ein. Talkshows, Interviews, Comedy-Formate, Musikshows. Gefühlt jeden zweiten Tag, lächelte er einem 2018 von der Mattscheibe entgegen. Bei »Verstehen Sie Spaß« machte er Bekanntschaft mit Nelson Müllers »gesalzenem« Humor – der setzte ihm in seinem Restaurant Ungenießbares vor. Bei der Verleihung der Goldenen Henne sah man ihn über den roten Teppich gehen, bei »Volle Kanne« (ZDF) plauderte er bei Müsli und Kaffee über sein Leben. Und: Hartmut ließ sich sogar auf Comedy-Formate wie »Zärtlichkeiten im Bus« (MDR) ein, wo man ihn in einem Raumanzug herumspazieren sah und er sich von Außerirdischen entführen ließ. Hartmut ist keiner, der in Talkshows die Aufmerksamkeit auf sich lenkt. Sitzt er zwischen Promi-Kollegen, reißt er selten das Wort an sich. Er hält sich selbst für nicht besonders schlagfertig. Und für witzig schon mal gar nicht. Was der unwissende Zuschauer nicht ahnt: Hartmut ist nervös, wenn die Fernsehkameras auf ihn gerichtet sind. Versagensängste plagen ihn seit Teenagerzeiten. Da helfe

auch jahrzehntelange Erfahrung nicht, sagt er. »Das ist immer wieder eine neue Situation.« Hartmut versucht nicht, sein Lampenfieber zu verbergen. Im Kölner Treff sagte er offen: »Es tobt in mir.« Er erklärt: »Ich höre mir den Ersten an, den Zweiten. Und dann denke ich, oh Gott, jetzt bin ich gleich dran. Dann fängt das innerlich an zu toben. Das Einzige, was sich geändert hat: Ich bin nicht mehr Wochen vorher, sondern erst kurz davor nervös.« Weil er seine Hände in diesen Momenten selten ruhig halten kann, trinkt und isst er nicht vor laufenden Kameras, auch nicht beim Frühstücksfernsehen.

Auf Tour geht es ihm freilich nicht anders. Vor einer Show geht der Puls hoch. »Auf früheren Tourneen war das immer so: Die Nacht war schön, weil ich da noch euphorisch war von der letzten Show. Stand ich dann am nächsten Tag um 14 Uhr auf, wusste ich: In sechs Stunden geht's wieder los.« Das Zittern dauerte viele Stunden an. Heute verschafft er sich innere Ruhe mittels Meditation. »Ein wesentlicher Punkt bei der buddhistischen Philosophie, über die ich lese, ist, dass man nichts glauben muss, sondern Dinge einfach anders sehen kann. Das sind ein paar Grundsätze, die so einfach sind, dass ich mich frage, warum ich da nicht selber drauf gekommen bin.« Lampenfieber sei nichts anderes als die Beschäftigung mit dem eigenen Ego. Also spreche er sein Ego bewusst an: »Du bist so lächerlich.« Betrachtet sich von außen und zwingt sich umzudenken. Das hilft ihm nicht nur, das Lampenfieber zu mildern, sondern auch im Alltag ruhig zu bleiben. Stand er früher im Stau, wissend, er würde sich verspäten, reagierte er wütend. Heute schafft er es, sich auf eine andere Ebene zu bringen, und zwingt sich zu einer anderen Sichtweise. Sagt sich: »Dann kommste halt zu spät. Kann dich keiner umbringen deshalb.« Mit dem Lampenfieber sei das ähnlich. Da macht er sich bewusst: »Nichts ist so wichtig, dass du dich jetzt so in Aufruhr bringen lässt.« Vor jeder Show meditiert er zwanzig Minuten. Auf seinem Laptop, den er immer dabei hat, hat er Anleitungen gespeichert. Hartmuts

Lieblingsmeditation heißt »Die Erde ist mein Zeuge« von dem US-Amerikaner Jack Kornfield, einem bekannten buddhistischen Meditationslehrer. »Es hilft mir, alle Last und Sorgen hinter mir zu lassen«, sagt Hartmut. »In den ersten zehn Minuten lässt man alles, was einen belastet, durch den Körper in die Erde fließen. Anschließend konzentriert man sich auf seinen Atem und nimmt alles um sich herum bewusst wahr. Es geht um Achtsamkeit, im Hier und Jetzt sein.«

Warum Hartmut so vom Lampenfieber geplagt ist, weiß er selbst nicht so genau. Mit seiner Stimme zieht er Millionen Menschen in seinen Bann. »Beim Singen denke ich nicht nach. Das habe ich unter Kontrolle, da fühle ich mich sicher. Ich bin ein Ganzkörpersänger, bewege mich automatisch zur Musik. Ich habe das Glück, dass meine Stimme niemals zittert. Dann lieber die Hände.« Die Angst, den Text zu vergessen, hat ihn stets begleitet. »Das wäre auch heute noch das Allerschlimmste.« Deshalb geht er nicht ohne Teleprompter auf die Bühne. »Das reduziert die Aufregung um 50 Prozent.« Einen Auftritt an Weihnachten, live mit Orchester, den wird er nicht vergessen. Da schob ihm der arglose Praktikant mitten im Song den Teleprompter außer Sichtweite. Fünf Millionen Fernsehzuschauer an den Bildschirmen. »Da hat es innerlich nicht getobt, das war ein Orkan«, sagt Hartmut. Er meisterte den Auftritt trotzdem fehlerfrei. Sein Blutdruck aber sei so in die Höhe geschossen, dass er sich anschließend Luft machen musste. »Ich bin zwei Jahre älter geworden in diesen drei Minuten. Den Typen habe ich angeschrien. Das reicht mir jetzt! Du Vollhorst! Du hast keine Ahnung, wie ich gerade geschwitzt habe wegen dir.« Normal hört man Hartmut selten laut werden. »Ich trete nicht nach unten, und ich buckel nicht nach oben.«

»Auch die schlimmsten Gäste in deiner Seele sind in der Lage, dir neue Impulse zu vermitteln.«

13.
Warum Hartmut nichts glauben will, was er nicht glauben kann

 Hartmut hatte viel Zeit, sich mit der katholischen Weltanschauung vertraut zu machen. Seine Eltern bestanden auf den sonntäglichen Gottesdienst, und was der Papst sagte, das konnte, nein, durfte nicht falsch sein. Wie sein Bruder Hans-Peter begann jedoch auch Hartmut früh, das Einmaleins der katholischen Kirche kritisch zu hinterfragen. »Ich habe grundsätzlich ein Problem mit einer Religion, bei der ich etwas glauben muss, das man schwer glauben kann«, sagt Hartmut. »Natürlich glaube ich auch daran, dass mit dem Tod nicht alles zu Ende geht.« Er stand längst auf eigenen Beinen und füllte mit PUR die Hallen, als er den für sich einzig logischen Schritt tat: Er trat aus der Kirche aus. Die Frauenfeindlichkeit, die Abneigung gegen Homosexualität und Kondome, der Zölibat – all das widerspricht Hartmuts Ansichten. »Ich habe es zeitlebens gehasst, wie die katholische Erziehung mein Gewissen bei vielen Dingen beeinflusst hat«, sagt er. Noch heute gebe es Momente, in denen ihn ein komisches Gefühl beschleiche bei diesem oder jenem Gedanken, weil ihm als Kind eingetrichtert wurde, was er (nicht) zu denken und zu fühlen hatte. »Diese Dinge sitzen in einem drin. Das finde ich manchmal sehr lästig und versuche das loszuwerden.« Seine eigenen Kinder sind evangelisch. Hartmut hält das Wertesystem einer christlichen Erziehung grundsätzlich für sinnvoll. Sechs und acht Jahre alt waren seine Söhne bei der Taufe, und Hartmut macht keinen Hehl daraus, dass die Buben sich auch deshalb dafür entschieden haben, weil sie auf die Konfirmation mit Feier und Geschenken nicht verzichten wollten. Wirklich überzeugt »vom System« seien sie jedoch schon damals nicht gewesen. Hartmut hat seine Gedanken zur Religion in den Song »Nie genug« einfließen lassen, in dem er sich vor allem mit seinen eigenen Erfahrungen kritisch auseinandersetzt.

Er empfindet sich selbst als spirituell fühlenden und denkenden Menschen. Den Buddhismus hat er in einer Zeit für sich entdeckt, als es ihm schlecht ging. 2008 war das, Hartmut hatte gerade eine Trennung von der Schweizer Sängerin Nubya hinter sich, die für ihn nicht nur Partnerin, sondern auch Seelenverwandte war. Zum ersten Mal klaffte vor ihm ein düsterer Abgrund – trotz größter beruflicher Erfolge. Es folgte eine Lebenskrise mit zu viel Alkohol, Depressionen, Rückzug. Hartmut verließ sein Haus nicht mehr. Sein viel zu leeres Haus, in dem Katze Lucy die einzige Ansprechpartnerin war. Er habe sich wie ausgeschaltet gefühlt, sagt Hartmut. Er konnte nichts mehr wertschätzen, keine Freude mehr empfinden. Seine Freunde und seine Schwester Ute waren es, die ihn aus der Dunkelheit holten. Die ihn zum Arzt fuhren und darin bestärkten, eine Therapie zu machen. In dieser Zeit geschah es auch, dass ein Freund Hartmut das Buch »Das weise Herz« von eben jenem Jack Kornfield in die Hand drückte, das ihn von da an begleiten sollte. Ja, zu seiner Bibel wurde. »Es hat mir einen neuen Blick auf das Leben gebracht.« Zwar schätzt Hartmut Boulevard-Journalismus überhaupt nicht, doch sprach er damals offen mit Journalisten über seine Krise und wie er sie überwunden hatte. Angriff als beste Verteidigung.

Dem buddhistischen Ansatz in diesem Buch fühlt er

sich näher als der christlichen Religionslehre. »Ich weiß natürlich, dass das alles hier viel mehr ist, als wir begreifen und sehen. Der Gedanke, ein Teil vom Ganzen zu sein und irgendwann in das Ganze überzugehen, sich umzuformen, umzuwandeln, das finde ich spannend und tröstlich.« Glaubt er an Wiedergeburt? »Nee, so weit geht das nicht. Da müsste ich ja schon wieder etwas glauben, was mir völlig irreal erscheint. Ich kann mir nicht vorstellen, dass ich eines Tages wie die Ameise auf dem Boden liege.« Um seine Idee von der Spiritualität anschaulicher zu machen, zitiert er Zeilen einer Meditation der Dankbarkeit, die er schön findet und die ihn häufig durch den Alltag begleitet: »In deinem Blut fließt das Wasser des Regens und der Ozeane. Wir atmen. Allein der Atem verbindet uns mit allem. Der ist grenzenlos. Egal wo ich bin, sauge ich das, was um mich herum ist, in mir auf. Ich bin ein Teil von allem, fest verwurzelt in der Erde. Ich kann mich mit dieser Erde austauschen. Ich bin ein geliebtes Kind dieser Erde.« Diese Gedanken haben Hartmut durch manche schlechte Phase gebracht. Er vergleicht: »Die Katholiken und Protestanten sagen dann halt: Die Erde ist Gott. Die Begrifflichkeit ist mir egal. Was mir wichtig ist, ist die Eigenverantwortung fürs eigene Leben. Die einem ja praktisch abgenommen wird in einem Glauben, bei dem ich alles an einen Gott abgebe. Der dann die Dinge richten soll. Das wäre zugegebenermaßen ein sehr schwacher Gott. Denn der regelt ja hier gar nichts. Wir beten, sündigen und lassen uns vergeben – dann ist alles prima. Das finde ich nicht. Ich finde es interessanter, für sich eine Rechnung aufzumachen: Was habe ich Gutes, was habe ich Schlechtes getan? Und daran zu arbeiten, dass die Rechnung deutlich im Guten landet.« Klar trage jeder Mensch Dinge mit sich herum, die er nicht loswerde. Hartmut hält es deshalb für ein hehres Ziel, sich zeitlebens zu einem besseren Menschen zu entwickeln.

Er beschreibt sich selbst als Sanguiniker – laut Definition also als lebhaften, temperamentvollen, meist lebensbejahenden Menschen. Hartmut kennt starke Gefühle in beide Richtungen. »Himmelhochjauchzend und zu Tode betrübt – ich empfinde sowohl Freude als auch Trauer extrem. Ich denke, ich habe eine höhere Sensibilität für solche Gefühlslagen als die meisten anderen Leute. Aber ich hab's hingekriegt, dass weder die Höhen so hoch sind wie früher noch die Tiefen so tief. Das Alter hilft da mitunter.« Ein Grübler sei er schon immer gewesen und infolgedessen auch kein guter Schläfer. Bis heute sei das so, weshalb er schon mal zu einer Schlaftablette greife, wenn die Gedanken zu wild durcheinanderwirbeln. Manchmal hilft es ihm aber auch, an etwas Schönes zu denken. An Aktivitäten mit seinen Söhnen zum Beispiel, die mittlerweile zum Studieren in andere Städte gezogen sind und auf die Hartmut sehr stolz ist. Wie bereits erwähnt: In seine Fußstapfen wird wohl keiner der beiden treten. Der eine studiert Sportmarketing, der andere Digitale Medien. Dabei sind beide musikalisch, findet Hartmut. Felix sei ein begabter Schlagzeuger, allerdings habe er mit zwölf die Lust am Unterricht verloren, vielleicht, so glaubt Hartmut, wäre es anders gelaufen, wenn er in einer Band hätte spielen können. Auch mit Keyboards und Saxofon wurde experimentiert. Doch dann kam der Tag X. Hartmut nennt es »ein familieninternes traumatisches Erlebnis«. Die ganze Familie wollte an Weihnachten zusammen Musik machen. Das Ende vom Lied: Streit. Die Brüder bezichtigten sich gegenseitig, für die gespielten Fehler verantwortlich zu sein, und schmollten. Heute rappen sie alles mit, was man mitrappen kann, auf Deutsch. Und Hartmut findet: »Die singen auch beide ganz okay.« Wenn sie gemeinsam im Auto sitzen, ein Song von Coldplay bis zum Anschlag aufgedreht, dann singen sie zu dritt, aus voller Kehle. Hartmut ist übrigens keiner, der ständig vor sich hin trällert, wie er es zu Schulzeiten praktiziert hat. Wenn er nicht auf der Bühne steht, schont er seine Stimme lieber. Verständlich, hätte er doch vor vielen Jahren wegen einer Stimmbandeinblutung fast seinen Beruf aufgeben müssen. »Es muss schon eine ganz tolle Party sein, wenn ich da mit einsteige.« Musik als Berieselung findet in seinem Haus ebenfalls nicht statt.

Hartmut setzt sich nicht nur beruflich kritisch mit sich selbst auseinander. Er weiß beispielsweise, dass er nicht der beste Zuhörer ist und andere gerne mal unterbricht, wenn sie was erzählen wollen. »Ich rede im Normalfall lieber selber, was mir beruflich sehr zuträgt. Aber im privaten Gespräch muss der andere mitunter schon sehr darum buhlen, ähnliche Gesprächsanteile zu bekommen. Ich arbeite aber daran.« Wenn ihm etwas unter den Nägeln brennt, muss er es loswerden. Sofort. So kommt es schon mal vor, dass er seinen Freund Martin im Büro anruft, um ihm die gerade getexteten Zeilen von »Beinah« vorzusingen. Worauf der sein Bürgermeister-Coaching, in dem er gerade sitzt, unterbricht, weil Hartmut unbedingt sofort wissen muss, ob seinem Freund gefällt, was er da zustandegebracht hat. Andersrum würde Hartmut, da ist Martin sicher, »alles stehen und liegen lassen, wenn es einem Freund schlecht geht. Der würde sogar ein Konzert absagen.« WhatsApps beantwortet Hartmut meist sofort. »Er ist wertschätzend und anerkennend. Er schaut auf alle, die sich in einem Raum befinden. Und er kann sehr wohl zuhören. Erst erzählt er, dann fragt er: Und, welchen Politiker rettest du gerade?« Bei Käse und Wein im Whirlpool könne man stundenlang mit ihm philosophieren. Und gemeinsam singen, auch wenn Hartmut danach oft sagt: »Martin, du kannst ja gar nicht singen.« »Wir sind noch die Buben von früher.« Martin Müller spricht von einem etwas tollpatschigen Hartmut, der nicht kochen kann, der liebe Menschen um sich herum braucht. Der gefühlvoll und ehrlich ist. Klar und konsequent. Der sich kümmert und auf den Punkt da ist. Streiten könne man mit ihm – existenziell –, Kritik nehme Hartmut ihm nicht übel, weil sie auf Augenhöhe stattfinde. »Er ist und bleibt eine treue Seele.«

Die Krise hat Hartmut längst überwunden. Letztendlich hat sie seinem Leben noch mehr Tiefe gegeben. Und er hat etwas gewonnen: Klarheit. Auf die Frage, wie es ihm heute geht, antwortet er: »Ich wandle zwischen glücklich und unglücklich und bleibe immer wieder in der Mitte bei Zufriedenheit stehen und versuche, da möglichst lange zu verweilen. Ich habe das für mich angenommen, wahrscheinlich würde ich es anders sowieso zu langweilig finden.«

Aus der Krise hat er etwas gelernt. Dem Weser-Kurier sagte Hartmut 2010: »Beruflicher Erfolg macht einen nicht unbesiegbar. Man muss sich im Leben einschätzen lernen und darf gerade die Psyche und die Seele nicht vernachlässigen. Man darf sich nicht fremdsteuern lassen und muss einfach ein bisschen auf sich aufpassen, dass man sich nicht in so einen negativen Strudel hineinreißen lässt.«

Hartmut beschreibt sich als einen Menschen, der gerne mal in den Tag hineinlebt, auch wenn ein unstrukturierter Tagesablauf ihn in schlechten Phasen ins Schlingern bringen könnte. An unverplanten Tagen macht er Sport und liest lange in der Zeitung, vor allem den Sportteil. »Das können ja die meisten Leute gar nicht mehr«, sagt er. »Die brauchen sogar im Urlaub eine feste Aktivitätsstruktur.« An dieser Stelle kommt wieder der Buddhismus ins Spiel. Laut fernöstlicher Lehre ist Nichtstun ja nicht wirklich Nichtstun. Hartmut lacht. »Ich tue auch das Nichts, nein, auch das Nichts muss getan werden. In bestimmten Phasen kann ich das gut, ja.« Meditieren, sich zehn Minuten auf seinen Atem konzentrieren. Für Menschen, die es gewohnt sind, alle paar Sekunden aufs Handy zu starren, sei das ein Problem. Der Song »Affen im Kopf« auf dem neuesten Album erzählt davon. Und er ist nicht der einzige mit Bezug zum Buddhismus. Auch zu »Gasthaus« hat ihn die Philosophie inspiriert. Hartmut hat ein Gedicht aus dem 13. Jahrhundert interpretiert, geschrieben von dem persischen Dichter und Mystiker Rumi:

Das menschliche Dasein ist ein Gasthaus.
Jeden Morgen ein neuer Gast.
Freude, Depression und Niedertracht –
auch ein kurzer Moment von Achtsamkeit
kommt als unverhoffter Besucher.
Begrüße und bewirte sie alle!
Selbst wenn es eine Schar von Sorgen ist
die gewaltsam Dein Haus
seiner Möbel entledigt
Selbst dann behandle jeden Gast ehrenvoll
vielleicht reinigt er Dich ja
für neue Wonnen
Dem dunklen Gedanken, der Scham, der Bosheit –
begegne ihnen lachend an der Tür
und lade sie zu Dir ein
Sei dankbar für jeden, der kommt
denn alle sind zu Deiner Führung geschickt worden
aus einer anderen Welt.

Hartmut hatte die Zeilen längst wieder vergessen, als er auf einer Coldplay-Platte erneut darauf stieß. Nachdem er seine Lieblingsband live gesehen hatte, schrieb er das

Lied »Energie«. Und »Gasthaus«. »Der Grundgedanke ist dabei, dass man sich auch mit dem Leid im Leben arrangieren soll. Auch die schlimmsten Gäste in deiner Seele sind in der Lage, dir neue Impulse zu vermitteln.« Hartmut selbst hat das verinnerlicht. Lange hat er Tagebuch geschrieben. Es hat ihm geholfen, dankbar zu sein, sich auf das Positive im Leben zu fokussieren. Als er aus einem Sommerurlaub zurückkehrte, war es verschwunden. Seine Söhne hatten ein paar Tage in seinem Haus verbracht, sonst war niemand da gewesen. Bis heute ist es nicht wieder aufgetaucht. Erst habe er Sorge gehabt, es könnte einer mitgenommen haben. Mittlerweile vermutet Hartmut, dass er es selbst beim Durchsehen der Post in den Müll gepfeffert hat. Er trauert der Vergangenheit nicht hinterher. Erst recht nicht der auf dem Papier.

14.
Warum Hartmut Gleichberechtigung gut findet und trotzdem nicht bügelt

Hartmut mag Frauen. Das ist kein Geheimnis. »Frauen sind spannender als Männer. Facettenreicher, überraschender.« Über die Liebe hat er viel zu sagen. Mit einem Album ohne Lovesongs braucht er seinen Fans gar nicht erst zu kommen. Seine Texte handeln von verflossener Liebe, beständiger Liebe, auch von nicht erwiderter Liebe. »Ich bin kein Einfacher«, sagt Hartmut über sich selbst, wenn das Gespräch auf Beziehungen fällt. Zweimal war er verheiratet, zweimal wurde die Ehe geschieden. Es gab Zeiten, da war ihm die Musik wichtiger als die Beziehung. Dann musste Hartmuts Frau damit klarkommen, dass ihr Partner nonstop unterwegs war, von Tausenden weiblichen Fans angehimmelt wurde und nicht immer für sie da war, wie er sich das einmal vorgenommen hatte.

Hartmut hat einen Wohlfühl-Song: »Sailing« von Rod Stewart. Er verbindet ihn mit seinem ersten Kuss. Sie hieß Susanne, zwölf war sie und Hartmuts erste Freundin. Drei Monate Händchenhalten. Als sie mehr forderte, nahm Hartmut Reißaus. »Ich war mit 14 noch nicht so weit. Bald fand sie mich auf der Ebene zu langweilig und zu zurückhaltend.« Die Liebelei war vorbei und Susanne mit einem

19-Jährigen auf und davon. Hartmut schrieb ein Lied darüber: »Weißt du noch«. Und Susanne? Die meldete sich viele Jahre später bei ihm, weil sie ihre Geschichte in dem Song erkannt hatte, da war sie längst verheiratet und hatte Kinder.

Hartmut war auf den Geschmack gekommen. Während sein Bruder Hans-Peter ihm von der freien Liebe vorschwärmte und über die Achtundsechziger philosophierte, entwickelte Hartmut seine eigene Strategie. Er gab sich als Frauenversteher, indem er die *Emma* kaufte und die feministische Zeitschrift gut sichtbar mit sich herumtrug. Dagmar beeindruckte das wenig. Hartmut erinnert sich an sie als »eine unglückliche Liebe«. Zum ersten Mal sei da der innige Wunsch gewesen, mit diesem schönen Mädchen nicht nur Händchen zu halten, sondern »da hatte ich das Gefühl, mit der würde ich wahnsinnig gern knutschen«. Dagmar wollte lieber reden. »Ich finde dich ja ganz lieb«, sagte sie zu Hartmut, »als Freund.« Da meldete sich der Zurückgewiesene krank, blieb ein paar Tage im Bett liegen und grämte sich vor Liebeskummer. »Das war der erste Ansatz von latentem Wahnsinn«, sagt er heute schmunzelnd dazu. Mit seinem Mofa rammte er eine Weinbergmauer, trug ein paar Schrammen am Schienbein davon. »Daran ist nur die Dagmar schuld«, dachte er noch – und kam darüber hinweg. Auch diese Geschichte hat er 2018 in die Ballade »Verboten schön« einfließen lassen.

Natürlich blieb Hartmut nicht allein. Mit 16 lernte er Annette kennen, »die Schönste an der Schule«. Sie war diejenige, mit der »es« das erste Mal passierte. Nach dem Abi zogen sie zusammen. Hartmut war mit seinem Studium und seiner Band beschäftigt, sie las gern zu Hause. Zwei Menschen, zwei Leben. Ein paar Jahre ging das gut, aber dann kam es, wie es kommen musste: Hartmut verließ Annette für eine andere. Ute. Sie sollte seine erste Frau werden. Klein, blond, quirlig. Für sie schrieb er den ersten Radiohit von PUR: »Hab mich wieder mal an dir betrunken«. Sie war es auch, die ihm eine blonde Locke ins Haar flocht und ihn im Urlaub zu einem Ohrring überredete. Die Hochzeit war eine einzige Party. Sie mieteten den Ingersheimer Gemeindesaal inklusive Sänger David Hanselmann. Statt Hochzeitswalzer tanzten sie Stehblues. Nach zehn Jahren Beziehung, drei davon verheiratet, zerbrach das Glück. Ute hatte keinen Popstar gewollt, sondern einen Mann, der da war, wenn sie ihn brauchte. Der Bussi-Bussi-Welt der Stars und Sternchen konnte sie nichts abgewinnen. Und Hartmut konnte oder wollte die Bedürfnisse einer Frau damals nur so weit erfüllen, wie es das Band-Projekt zuließ. Sie verließ ihn, als er mit PUR ganz oben war. Während ihm die Fans zujubelten und BHs auf die Bühne warfen, litt er an gebrochenem Herzen. Und sang trotzdem die Liebeserklärung, die er für Ute geschrieben hatte: »Hör gut zu.«

Hartmut traute sich noch einmal. Bei einem Fernsehauftritt lernte er Claudia kennen. Wieder eine Frau voller Temperament und diesmal eine, die durchaus fasziniert war vom Popstar-Leben. Sie kündigte ihren Job und zog zu ihm. Zwei Kinder bekamen sie zusammen: Philipp und Felix. Auch daraus wurden Ohrwürmer: »Wenn du da bist« und »Kleiner Prinz«. Dass auch diese Ehe nicht hielt, schreibt

Hartmut der Tatsache zu, dass sie zwar als Team sehr gut funktionierten, sich aber als Paar verloren hatten. Auch eine Therapie konnte die Ehe nicht retten. 2002 trennten sie sich. Und dann kam Nubya in sein Leben. Mit ihr reiste Hartmut durch die Welt, sie sangen im Duett, ein Traumpaar auf dem roten Teppich. Stundenlange Gespräche. Das Ende ist bekannt. Hartmut verbrachte zwölf Tage in einer Burn-out-Klinik, fand erst mit Hilfe einer Musik- und Gesprächstherapie wieder Zugang zu seinen Gefühlen. Freunde unterstützten ihn dabei, Struktur in seinen Alltag zu bringen. Hartmut ging täglich joggen und eines Abends mit seiner besten Freundin Danny zu einem Konzert. Vier Monate hatte er als Single verbracht. »Das hat mich doppelt in die Krise hineingetrieben. Ich kann das nicht, ich bin das nicht gewohnt. Ich brauche jemanden, mit dem ich mich austauschen kann«, sagt Hartmut. Und wie das so ist, schleicht sich die Liebe oft dann ins Leben, wenn man nicht damit rechnet. Auf dem Konzert – er hatte sich unauffällig in eine der hinteren Reihen gesetzt – traf er sie: Katrin. Es muss sich für ihn angefühlt haben, als hätte endlich wieder jemand das Licht angemacht in seinem Leben. Bis heute ist sie an seiner Seite. Zehn Jahre schon. Seit neun Jahren sind die beiden verlobt. Genauso lange spekuliert die Boulevard-Presse, ob es noch was wird mit dem Ja-Sagen. Und Hartmut? Der fiel zwar in aller Öffentlichkeit vor seiner Partnerin auf die Knie, am Flughafen von Mallorca, schweigt aber darüber, ob er ein drittes Mal vor den Traualtar treten wird. »Die Zukunft wird's zeigen, im Moment haben wir noch keinen fixen Plan.« Mit der Ehe sei das so eine Sache. Er hat die Erfahrung gemacht, dass es die erste Hälfte der Zeit gut läuft und die andere Hälfte schlecht. Dabei sei er keiner, der schnell aufgebe. Alle seine Beziehungen hielten mehrere Jahre. Keine sei wie die andere gewesen, weil in völlig unterschiedlichen Lebenslagen. Er erklärt: »Ich hätte mich in das Abenteuer mit Nubya gar nicht stürzen können, wenn ich nicht in genau dieser Phase meines Lebens gewesen wäre: Ich hatte bereits Kinder, brachte regelmäßig Platten raus. So konnte ich mich um diese tolle Frau kümmern. In anderen Phasen meines Lebens hätte das nicht funktioniert. Da hätte ich einfach mein Ding gemacht.«

Optisch hat er keinen durchgängigen Frauentyp, sagt er. Seine Partnerinnen sahen alle unterschiedlich aus, machten unterschiedliche Dinge und unterschieden sich charakterlich. »Nur eine ganz Stille war's nie. Das funktioniert an meiner Seite nicht. Sonst geht man unter. Da muss man sich schon durchsetzen können.« Wichtig ist Hartmut, dass die Frau an seiner Seite nicht zu eifersüchtig ist. »Man muss das richtig einordnen können mit den Fans, die ausflippen vor der Bühne. Aber natürlich ist es auch an mir, der Frau das Gefühl zu geben, dass sie DIE EINE ist.« Was er zugibt: Er gewichtet seinen Job höher als den seiner Partnerin. »Dass ich frage: Wie war dein Tag, Schatz? Das gibt's bei mir nicht allzu oft. Sie kämpft sich dann so durch, was mir manchmal leidtut. Natürlich lasse ich sie erzählen, aber grundsätzlich sind meine Storys die wichtigeren für mich.« Dass er ihr immer wieder Liebeslieder schreibt, ist für sie nach wie vor etwas Besonderes. »Als ich ihr im Pavillon ›Weißt du nicht‹ vorgesungen habe, hat Katrin geweint.«

Hartmut hat das Gefühl, dass er angekommen ist. Katrin hält ihm den Rücken frei und macht trotzdem ihr eigenes Ding. Sie arbeitet Fulltime als Sekretärin, nimmt sich aber schon mal zwei Monate frei, um ihn auf Tour zu begleiten. Rheinländerin ist sie. Voller Lebensfreude und Energie, wie Hartmut sagt. Davon lässt er sich gerne anstecken – er selbst bezeichnet sich als hoffnungsvollen Pessimisten. »Das ist mir in einem Interview mal eingefallen, der Begriff passt perfekt zu mir. Grundsätzlich denke ich immer, etwas geht schlecht aus. Aber ich hoffe extrem, dass es anders kommt. Dass ich nicht recht habe.« Mit Katrin kann Hartmut Couch-Potato sein, ab 20 Uhr telefoniert er in der Regel nicht mehr, sondern sitzt mit ihr auf dem Sofa, »der Abend gehört uns«. Andererseits ist sie eine Frau zum Pferdestehlen. Oft lässt sich Hartmut von ihrer Neugierde und Unternehmungslust mitreißen und probiert was Neues aus. »Das tut mir dann schon gut. Grundsätzlich bin ich ja sehr gesellig.« Regelmäßig laden sie Freunde ein zum Fußballgucken oder sie gehen essen. Katrin ist mit ihren 40 Jahren deutlich jünger als Hartmut. Das ist jedoch nichts, worüber er sich den Kopf zerbricht. »Das Gute ist: Katrin hat einen altmodischen Musikgeschmack. Auch in dieser Hinsicht passen wir gut zusammen. Ich bin ja schon froh, dass mir Coldplay gefällt. Mit vielen modernen Bands kann ich nichts anfangen.«

Hat Hartmut mit seiner Ex-Frau zwangsweise die klassische Rollenverteilung gelebt – er war unterwegs, sie zu Hause bei den Kindern –, so geht es heute gleichberechtigt zu. Nicht nur, dass Katrin ihr eigenes Geld verdient. Auch im Haushalt packen beide mit an. »Katrin kocht, ich mache den Tisch schön und räume hinterher alles in die Spülmaschine. Das ist gut aufgeteilt, sie würde sich beschweren, wenn's nicht so wäre. Ich gehe auch deutlich mehr einkaufen als Katrin, weil ich zeitlich flexibler bin. Gemeinsam einkaufen am Samstag ist nicht so schön, weil da so viele Leute unterwegs sind und ich dann wieder diesen Zootier-Effekt habe.« Dass sie sich eine Haushälterin leisten können, darüber ist er froh. »Das mag jetzt arrogant klingen, aber solange ich es vermeiden kann, zu waschen und zu bügeln, nehme ich das gerne dankend an.«

Dass er noch einmal in eine Krise geraten könnte, das glaubt er nicht. »In der Konsequenz, dass es mir so schlecht geht wie damals? Nein. Das war ja die schwierigste Phase überhaupt. Ich wusste nicht, wie ich da wieder rauskomme. Heute habe ich die Gewissheit: Es geht vorbei.« Hartmut glaubt nicht, dass er beziehungsmäßig noch einmal so ins Schlingern geraten könnte. Und das Wissen, dass er mit zwei erwachsenen Söhnen in seiner Rolle als Vater nicht mehr so viel falsch machen kann, erleichtert ihn. »Damals lief alles schief. Ich habe in der Rolle als Vater nicht mehr funktioniert. Ich habe in der Rolle als Partner offensichtlich versagt. Ich habe in der Rolle als Songschreiber und Texter nicht so gearbeitet, wie ich das hätte tun können.« Heute sei er mit sich im Reinen. Und beziehungstechnisch nicht mehr im Land der Ahnungslosen. »Das Einzige, was mich nochmal komplett wegkicken könnte, wäre eine Krankheit. Und darauf hat man keinen Einfluss.« Auch hier hilft ihm die buddhistische Sichtweise: Das anzunehmen, was man nicht ändern kann. In einer Meditation bedankt sich Hartmut bei der Welt, der Luft, dem Wasser, den Generationen für das »Maß an Gesundheit, das mir zur Verfügung steht«. Es half ihm, als er plötzlich nicht mehr joggen durfte. Und er weiß: Es wird ihm auch in Zukunft helfen.

15. Warum Hartmut ein Freund fürs Leben ist

Wer herausfinden will, wie Hartmut Engler privat ist, fragt am besten einen guten Freund. Hombre zum Beispiel, den wir bereits erwähnt haben und der eigentlich Rainer heißt. Er hat in den 1990ern den Club der Schoschonen gegründet. Die Werte des Indianervolkes verbindet er mit den Idealen seiner Jugend: Freundschaft, Friede, Liebe, miteinander statt gegeneinander. Hartmut sieht das ganz genauso und ließ sich von seinem Freund zu dem Song »Indianer« inspirieren. Hombre begleitet Hartmut bereits ein halbes Leben lang. Ein Feierabend-Bierchen mit dem 59-Jährigen in Bietigheim ergab das:

Wie hast du Hartmut kennengelernt?

»Wir trafen uns 1986 oder 1987 in der Firlefanz-Kneipe in der Schieringerstraße – das ist eine kleine Gasse in der Bietigheimer Altstadt. Damals hießen PUR noch Opus. Ich wohnte in einer kleinen Wohnung über dem Lokal und verbrachte dort viele Nächte philosophierend mit Hartmut. Wir sprachen über Frauen und den Sinn des Lebens. Auch Musik war ein großes Thema bei uns.«

Der Erfolg war damals noch in weiter Ferne.

»Ja, ich erinnere mich noch, wie wir im *Burgsmüller* – so hieß der alte blaue Mercedes-Lkw der Band – auf Tour waren. Einmal habe ich Hartmut nach Mannheim begleitet aufs Konzert. Sie hatten kein einziges Ticket verkauft. Auch in Hamburg in einem bekannten Club, in dem schon die Beatles auftraten, war ich dabei. Sechs Karten hatten Opus damals verkauft. Abends,

während wir auf St. Pauli flanierten, fantasierten wir: Wäre das geil, wenn sie mal in der *Großen Freiheit* spielen könnten. Ein oder zwei Jahre später spielten sie dort, und wieder ein Jahr später füllten sie die große Arena. Es war eine tolle Zeit!«

Und dann war er plötzlich ein Star.

»Es fühlte sich an, als wären wir zusammen aufgewachsen. Es war unglaublich, was passierte.«

Was hat das mit Hartmut gemacht?

»Hartmut ist immer noch ein sehr sensibler, gutmütiger und total ehrlicher Freund für mich. Daran hat der Erfolg nichts geändert. Ich hatte vor zwei Jahren eine Herz-OP. Zwei Stunden später stand er da. Das ist für ihn selbstverständlich.«

Was verbindet euch?

»Wir haben einen ähnlichen Humor.«

Ist es schwierig, der Freund eines Popstars zu sein?

»Die seltsamste Phase als Freund erlebt man, wenn eine neue Platte entsteht. Sobald die Songs komponiert sind, ist Hartmut in einer anderen Welt. Er wirkt dann abwesend, ist total vertieft. Es kommt vor, dass er zu mir fährt, auf dem Kundenparkplatz meines Getränkemarktes in seinem Auto sitzt, die Musik hochdreht und rhythmisch mit dem Kopf wackelt. Es stört ihn in diesem Moment nicht, wenn fünfzig Augenpaare auf ihn gerichtet sind. Vielleicht bemerkt er es auch gar nicht. Künstler wirst du nie ganz ergründen können. Wenn man das so betrachtet, ist Hartmut ziemlich normal geblieben. Er hat einen guten Freundeskreis.«

Wann warst du als Freund gefordert?

»Als sein Alkoholkonsum bedenklich wurde. Ich habe ihn gewarnt, und dafür hat er sich bei mir bedankt. Und ich war immer da für ihn, wenn er eine Trennung hinter sich hatte. Hartmut kann nicht gut allein sein.«

Wie streitet es sich mit Hartmut?

»Ich glaube, ich bin einer der wenigen, die ihn kritisieren dürfen. Über die Flüchtlingspolitik diskutieren wir schon mal. Da rutscht mir auch mal ein Satz raus wie: Junge, du hast keine Ahnung!«

Woran denkst du besonders gerne zurück?

»Einmal sagte Hartmut zu mir: Übermorgen fliegen wir zur Fußball-WM nach Japan, und du kommst mit! 2002 war das, Deutschland wurde Vize-Weltmeister. Der DFB veranstaltete eine Party, auf der PUR auftraten. Es waren vier Wahnsinnstage in Japan. Ich lernte viele Promis kennen, anschließend flogen wir mit den Fußballstars zurück.

Auch in Los Angeles war ich dabei, als PUR ihre Platte dort abmischten. Hartmut und ich reisten mit einem Propellerflugzeug weiter in die Dominikanische Republik. Die Puderzuckerstrände in Las Terrenas haben uns so gut gefallen, dass wir viele Jahre lang immer wieder dorthin zurückkehrten. Es war unser kleines Paradies.«

Und heute?

»Heute gucken wir jede Woche zusammen Fußball. Oder wir veranstalten Sauna-Abende bei Hartmut zu Hause und gehen essen. In Bietigheim kann man das gut machen, ohne dass er ständig angesprochen wird. In Dortmund springen sofort 50 Leute um ihn rum, als wäre er Eros Ramazzotti. Ich weiß nicht, ob ich nicht durchdrehen würde, wenn ich sein Leben führen müsste. Bei mir kann Hartmut sich allein deshalb erden, weil er sieht, wie viel ich arbeite. Neulich haben wir fast eine ganze Nacht lang geredet – im Swimmingpool. Gut ist, dass wir auch zusammen schweigen können. Im Urlaub höre ich drei, vier Stunden Musik, er liest. Da liegen wir auf der Terrasse und sagen kein Wort.«

Hartmut sagt über sich selbst, dass er kein guter Zuhörer sei.

»Wenn Hartl in einen Redefluss kommt, wird es schwierig, ihn zu stoppen. Er entschuldigt sich aber auch. Und, ganz ehrlich: Wenn du nicht ein bisschen egoistisch bist, wirst du nicht auf so großen Bühnen stehen mit Hartmuts Nase (lacht). Du brauchst ein großes Selbstwertgefühl. Hartmut ist eine Rampensau. Er kann eine Menschenmasse bewegen, das ist beängstigend.«

Das stimmt. Und er hat immer noch Lampenfieber.

»Nach dem dritten Lied merke ich meistens, dass seine Aufregung nachlässt, dass er anfängt, Spaß zu haben. Oft trinken wir nach einem Konzert ein kaltes Weizenbier zusammen. Wir haben auch schon mal zusammen geweint, auf Schalke. Das war so ergreifend. Eben stand er vor 70 000 Menschen, dann geht er zurück in die Garderobe, wo es totenstill ist. Ein komplettes Nichts. Das fühlt sich an, als ob du vom überfüllten Bahnhof in den Wald spazierst. Du weißt: Das war obergeil, da sitzen jetzt 70 000 im Auto und sind glücklich. Das musst du erst mal auf die Reihe kriegen.«

Dank Hartmut hast du auch eine Goldene Schallplatte bekommen.

»Ja, eine CD wurde 1990 in meiner Getränkehalle abgemischt, ›Unendlich mehr‹ heißt das Album. Wir saßen auf den Gabelstaplern und riefen: Bravo! Bis nachts haben wir uns die fertige Platte angehört. Sie hat Gold bekommen. Jetzt habe ich eine Goldene Schallplatte zu Hause, weil die Produktionsstätte auch immer eine bekommt.«

Kannst du verstehen, warum es immer heißt: PUR polarisieren?

»Für mich sind PUR wie McDonald's: Alle gehen hin, aber keiner gibt es zu. Es hat ja Gründe, dass die Konzerte ausverkauft sind. Auf dem Cannstatter Volksfest spielten sie mal den PUR-Hitmix, und das ganze Festzelt hat mitgesungen. Da rief ich Hartmut an, um ihm das zu erzählen.«

Kannst du dir vorstellen, dass Hartmut eines Tages keine Musik mehr machen wird?

»Hartmut wird mit der Musik weitermachen, solange er stehen kann.«

16.
Was Hartmut mit dem Herzen sieht

Der Abenteuerspielplatz in Ludwigshafen-Oggersheim ist ein herrlich wilder Ort. Auf staubigen Wegen geht es kleine Hügel hinauf und hinab, vorbei an einer Skater-Rampe, einem Trampolin und einer Töpferwerkstatt. Auf einer großen Fläche stehen Holzhütten, jede ein Unikat. Kinder haben sie gebaut, in jedes Brett eigenhändig die Nägel geschlagen. Zwergschafe flitzen auf dem Gelände frei herum, Hühner scharren hier und da und beäugen neugierig jeden Besucher.

Der Abenteuerspielplatz ist ein Abenteuerland, würde Hartmut jetzt vermutlich sagen. Was er damit zu tun hat? Hartmut ist Schirmherr von Herzenssache, der Kinderhilfsaktion von SWR, SR und Sparda-Bank. Sie macht sich für benachteiligte Kinder im Südwesten stark und greift auch dem Abenteuerspielplatz in Oggersheim finanziell unter die Arme. Unter anderem hat Herzenssache einen kleinen Bus gesponsert, mit dem die Kinder Ausflüge ins Umland unternehmen können. Die meisten Kinder stammen aus sozial schwachen Familien, kennen oft nicht viel mehr als die Straßen, in denen sie leben. Weil Hartmut sich für die Projekte interessiert, für die er seinen Namen hergibt, besucht er regelmäßig ausgewählte Einrichtungen. So auch heute, an diesem sonnigen Mittwochnachmittag. Es ist Ende März 2019. Hartmut geht Kaugummi kauend durch das bunte Eingangstor. Er blickt sich um, begrüßt die vielen Kinder und ihre Eltern, die sich um ihn scharen. Hartmut hat seinen guten Freund Bülent Ceylan an seiner Seite, den Mannheimer Comedian, der direkt auf der anderen Rheinseite wohnt. Beide tragen schwarze Jacken, Schals um den Hals, ein Lächeln im Gesicht. Gemeinsam wollen sie das 6000 Quadratmeter große Gelände erkunden, begleitet von einem Kamerateam des SWR und natürlich von all den jungen Besuchern, die ihnen mit großen Augen folgen. Auf dem Abenteuerspielplatz hausen nicht nur Hühner und Schafe, auch drei Ziegen und jede Menge Kaninchen gehören dazu. Es gibt einen Fußballplatz, einen Bobby-Car- und Kettcar-Parcours, Sandkasten und Wasserspielplatz. Eine Villa Kunterbunt – ohne Villa. Oggersheim ist vielen ein Begriff. Helmut Kohl wohnte bis zu seinem Tod nur zwei Straßen entfernt von dieser Oase. Seine Frau lebe immer noch in der Nachbarschaft, erzählen Osman Gürsoy, der 1. Vorsitzende der Bürgerinitiative, und seine Stellvertreterin Petra Wadlinger, die seit mehr als 20 Jahren mit anpackt. Die beiden erläutern das Konzept dieses besonderen Ortes. Seit 42 Jahren können Kinder hier Kinder sein. Unbeschwerte Stunden verbringen. Spaß haben. Kontakte knüpfen. Neue Talente entdecken. Ohne Leistungsdruck. Auch Faulenzen ist erlaubt. Es sind vor allem Kinder aus Brennpunktgebieten, die sich über die Abwechslung vom Alltag freuen. Die mal was anderes sehen wollen als Hochhäuser, die zwanzig Stockwerke hoch in den Himmel ragen wie Betonklötze. Auf dem Abenteuerspielplatz können sie am offenen Feuer Stockbrot und Kastanien grillen, basteln, bauen, klettern, Tiere füttern und noch so vieles mehr. 20 000 Besucher kommen jedes Jahr. Der Eintritt ist kostenlos.

Heute sind unter anderem Schüler der Mosaikschule Oggersheim vor Ort, Kinder mit motorischen Einschränkungen, aber voller Lebensfreude. Ein kleiner Junge sagt: »Ich freu mich am meisten darauf, dass einer Quatsch macht.« Ein anderer: »Ich möchte spielen. Und es wäre schön, wenn es Kuchen gäbe.« Einen Wunsch können Hartmut und Bülent mühelos erfüllen: Sie sind zu Späßen aufgelegt, werfen sich die Pointen gegenseitig zu wie Ping-Pong-Bälle. Die neunjährige Belinay führt die Promis herum, und natürlich sollen die heute nicht nur Däumchen drehen. Hartmut soll den Kindern dabei helfen, Seitenwände an eine Hütte zu nageln. Er legt die Stirn in Falten. »Hätte ich nur mehr geübt! Ich kann's zu Hause nicht. Vielleicht klappt's hier.« Auch Bülent macht sich ans Werk. »Wenn der Türke schlägt«, sagt er. Hartmut grinst: »Wenn der Türke zweimal zuschlägt …« Sie lachen.

Hartmut sagt, dass er die Lebensumstände in Hochhaussiedlungen wie in Oggersheim nur vom Hörensagen kennt, dass er selbst auf dem Land groß geworden ist und immer von Bauernhöfen umgeben war. Er kommt mit den Kindern ins Gespräch. Fragt ein Mädchen, das an Krücken geht, was mit dem Fuß passiert ist. Beugt sich zu einem Jungen hinunter und fragt: »Klappt's, Meister?«

Dann heißt es: Team Hartmut gegen Team Bülent. Es geht auf einen Parcours – der Schnellere gewinnt. Sie sollen über Holzbalken balancieren, ein Stück auf dem Bobby-Car zurücklegen, Slalom laufen mit einem Ei auf dem Löffel und zuletzt einen Schubkarren durchs Ziel lenken. Weil Hartmut einen Bandscheibenvorfall hatte und die OP noch nicht lange her ist, darf er als Coach antreten. Seine Läuferin Lilli gewinnt – dreimal in Folge. Bülent kann auf dem Bobby-Car nicht mithalten. Er weiß nicht, wohin mit seinen Beinen. Er kennt Hartmut schon etliche Jahre. Alles fing damit an, dass Hartmut Bülents Mutter mit einem Lied überraschte. Der Comedian hält den 57-Jährigen für einen bodenständigen, eher schüchternen Typen, mit dem er mehr gemeinsam hat, als manche glauben mögen. »Ehrlich, ich bin auch so. Okay, ich rede mehr und bin frecher. Aber ich bin halt a Mannemer Babbelgosch.« Normal bleiben sei das Wichtigste, und das hätten sie beide verinnerlicht.

Es ist kurz nach 15 Uhr. Der Hahn kräht. Weiter geht's, die Ziegen haben Hunger. Die Prominenten sollen Heu holen und beim Füttern helfen. Geht nicht, Bülent hat Heuschnupfen und keine Lust, den restlichen Tag mit roten Augen zu verbringen. Also gibt's Karottenstückchen. Hartmut guckt skeptisch, man hat ihn gewarnt: Die Ziegendamen benehmen sich manchmal wie wilde Hummeln. Sie sind wild auf Karotten. Und springen wild herum, erst recht, als Hartmut die Möhren in die Hand nimmt. Als ausgerechnet Ziege Lena (Hartmut: »Das ist meine«) sich mit einem Riesensprung auf den Sänger zu stürzen scheint, macht der ebenfalls einen Riesensatz. »Die wollte nur die Rangfolge klarmachen«, sagt ein Mitarbeiter achselzuckend. Am Ende frisst sie Hartmut brav wie ein Lämmchen aus der Hand. Und er erzählt währenddessen, dass er als Kind eine Schildkröte hatte, die er langweilig fand. Später kam ein Hund ins Haus. Den hat er geliebt. Der durfte alles machen. Heute faszinieren ihn vor allem die Tiere in der Natur. Und natürlich seine große Liebe Lucy. »Das wichtigste Tier in meinem Leben. Meine Katze fühlt, wenn es mir schlecht geht. Sie weicht dann nicht von meiner Seite.« Neulich watschelte ein Entenpaar durch seinen Garten. »Ich hätte stundenlang zuschauen können. Tiere sind belebend.«

Während Hartmut und Bülent ihren abenteuerlichen Rundgang fortsetzen, haben sie viele fröhliche Kinder um sich. Auch Rollstuhlfahrer sind darunter. Die Eltern halten alles mit ihren Handykameras fest und holen sich Autogramme. »Die sind beide lustig«, sagt Belinay, die die Promis heute nicht aus den Augen lässt und ihre Aufgabe als Fremdenführerin perfekt meistert. Mehrmals in der Woche hält sich das Mädchen mit dem schönen Lockenkopf in diesem Abenteuerland auf. Was bedeutet ihr der Ort? »Er ist mein Leben, mein Herz.«

Nächste Station: die Feuerstelle. Das Holz knackt in den Flammen. Hartmut bekommt einen mit Teig umwickelten Stock in die Hand gedrückt. Rauch weht ihm entgegen. Er hat Appetit auf Stockbrot. Er kennt es aus der Kindheit. Feuer gefangen hat er längst. Er ist mehr als überzeugt vom Projekt in Oggersheim. »Dass man mitten in der Stadt so etwas ermöglicht, das ist großartig.« Zum Ausklang setzt er sich neben Bülent auf eine Holzbank und gibt dem SWR ein

Interview. »Ich nehme wieder dieses gute Gefühl mit nach Hause, helfen zu können. Etwas Sinnvolles getan zu haben. Und ich habe heute meine Angst überwunden. Man hatte mich vor den Ziegen gewarnt, aber ich habe sie trotzdem gefüttert.«

Seit 2014 ist Hartmut das Gesicht von Herzenssache. Die Arbeit für Hilfsorganisationen macht ihm neben der Musik am meisten Freude. Das hat er vor mehr als zehn Jahren festgestellt, als er fast seine Stimme verloren hätte. An Herzenssache fließt ein Euro aus dem Verkauf dieses Buches. Hartmut findet es bemerkenswert, dass die Spenden zu hundert Prozent bei den Projekten ankommen. Es freut ihn, dass er Einfluss nehmen kann. Nie hatte er bisher das Gefühl, seine Zeit vergeudet zu haben, sagt er. Anna Bläsius ist bei Herzenssache für die Künstlerbetreuung zuständig. Sie hat Hartmut oft begleitet und ihn als sensiblen Menschen kennengelernt, der alles, was um ihn herum geschieht, wahrnimmt und aufsaugt. »Er hat viele feine Antennen. Er ist ein guter Zuhörer, und ich erlebe ihn auch hinterher noch lange bewegt, wenn ihm ein Schicksal oder die Lebensgeschichte eines Kindes wirklich nahegegangen ist. Wenn ich Hartmut in Projekten erlebe, ist er kein unnahbarer Künstler, dann ist er vor allem Mensch.«

Hartmut hat keine Berührungsängste. Er machte Musik mit Straßenkindern, im Kinderhospiz traf er auf Schwerkranke, in den 1990ern unterstützte er die Nordhoff-Robin-Stiftung, die autistischen Kindern eine Musiktherapie ermöglicht. Bei der Lobby für Menschenrechte informierte sich Hartmut über sexualisierte Gewalt gegen Kinder, er traf sich mit dem Gründer des Vereins Dunkelziffer, der Missbrauchsopfern hilft. Hartmut war erschüttert und schrieb das Lied »Kinder sind tabu«. Den gesamten Erlös des Songs und einen Teil der Tour-Einnahmen spendeten PUR an verschiedene Einrichtungen.

Hartmuts Kollegen liegen Kinder ebenso am Herzen wie ihrem Frontmann. Jedes Jahr stellen PUR Herzenssache einen exklusiven Gewinn zur Verfügung. 2015 brach die Aktion sämtliche Rekorde: Damals verloste Herzenssache zwei Tickets für die Fanreise nach Side. Unter dem Hashtag #dubistdasherz konnten sich Fans mit ihren Fotos zu dem Verein bekennen und gewinnen. Die Resonanz war enorm. Insgesamt wurden über eine Million Menschen auf die Aktion aufmerksam. Und die Fans blieben dran. Über all die Jahre haben sie immer wieder Spenden gesammelt – auf Benefizkonzerten, bei Fantreffen. Ein Paar nähte eine Decke aus Fanshirts, ließ sie von PUR signieren und versteigerte sie für 631 Euro. Sie überwiesen das Geld an Herzenssache.

Wie bereits erwähnt, hilft die Band auch karitativen Einrichtungen in ihrer Heimatstadt, unter anderem der Diakoniestation Bietigheim-Bissingen, die sich um Demenzkranke kümmert. Und wie so oft blieb Hartmut hängen. Er lernte dort Frau Schneider kennen. 80 Jahre war sie alt und leidenschaftlicher Halma-Fan wie er. Mehrmals hat er sie besucht, um mit ihr zu spielen. Seinen Namen und sein Gesicht konnte sie sich nicht merken, aber sie gewann – jedes Mal. Geblieben ist ihm aus dieser Zeit nicht nur eine schöne Erinnerung, sondern auch ein Song. Er heißt, na klar, »Frau Schneider«.

»Ich nehme wieder dieses gute Gefühl mit nach Hause, helfen zu können. Etwas Sinnvolles getan zu haben. Und ich habe heute meine Angst überwunden. Man hatte mich vor den Ziegen gewarnt, aber ich habe sie trotzdem gefüttert.«

Zurück nach Oggersheim. Hartmut hat alle Autogramm- und Fotowünsche erfüllt. Er sitzt bereits im Auto, als eine Mutter ihn anspricht. Ob er nicht noch ein Foto mit der Tochter machen könne. »Komm her, Schatz«, sagt er zu dem Kind. Die Mutter setzt es ihm auf den Schoß.

Es ist früher Abend, Bietigheim 130 Kilometer entfernt. Das Navi zeigt drei Stunden an, die A 81 ist dicht. Also fahren wir gemächlich durch die Pampa. Tourmanagerin Da-

niela Breier sitzt am Steuer, Hartmut beantwortet Fragen, während wir durch winzige Dörfer dem Sonnenuntergang entgegenfahren. Er ist gut gelaunt. Freut sich über den kurzen Abschiedsgruß, den Bülent ihm aufs Handy schickt, und nimmt selbst eine Sprachnachricht auf. Er telefoniert mit einem Freund und verfällt dabei in breites Schwäbisch.

Wir wollen die Fahrt auch dafür nutzen, um über sein soziales Engagement zu reden. Darüber, wie es ihm geht, wenn er Einblick in so viel Elend bekommt. Hartmut kommt auf Rüdi zu sprechen, sagt, dass Menschen wie er für ihn völlig normal seien. Er erinnert sich an ein Konzert und die Begegnung mit zwölf blinden Menschen. Sie fragten ihn, ob sie ihn berühren dürften, um sich ein Bild vom Sänger machen zu können. Sie wuschelten ihm durchs Haar, fassten ihm an die Nase, fuhren mit den Fingern seinen Hals entlang. »Erst war's befremdlich, dann fand ich es witzig. Natürlich habe ich meine Nasen-Jokes gemacht.«

Besucht Hartmut Orte wie das Kinderhospiz in Stuttgart, geht ihm das nahe. »Es wäre schwierig für mich, damit umzugehen, wenn ich permanent damit zu tun hätte«, sagt er. Er habe großen Respekt vor Menschen, die ihr Leben damit verbringen, anderen zu helfen. Das Thema Tod ist für Hartmut kein Tabu. Wenn er in der Zeitung die Todesanzeigen liest, »sehe ich, dass die Jahrgänge meinem näher kommen«. Das versetze ihm einen kleinen Stich. Und dass er mittlerweile öfter auf Beerdigungen als auf Taufen ist, kann er nicht ändern. Im November 2019 wird er 58. »Die 60, die ist ein kleiner Knackpunkt«, ist er überzeugt. »Ich bin jetzt langsam, aber sicher alt.« 2009 hat er seine Gedanken zum Tod in einen Song gepackt: »Herbst«.

Unser Frühling ist vergangen
Und der Sommer fast verweht
Doch der Herbst ist uns geblieben
Es ist noch lange nicht zu spät
Der Frühling vergangen
Der Sommer verweht
Der Herbst ist geblieben
Es ist noch nicht – für nichts zu spät

Uns sind Geburten recht vertraut
Wir stehen an Särgen und man schaut
Wohin die eignen Wege gehen
Und was die Aussicht verbaut

Wir träumen noch die Pläne
Und wir wissen wie's geht und was machbar ist
Das hilft und gibt Dir Ruhe
Dass Du nichts wichtiges vergisst.

Angst vor dem Tod hat Hartmut keine. Er versucht das Thema mit aller Gelassenheit anzunehmen. Dinge verändern sich, sind vergänglich. »So versuche ich das zu sehen. Das hält die unnötige Angst auf Distanz.«

Distanz verloren hat er während seiner Reisen nach Afrika oder Indien – Letzteres besuchte er für die Welthungerhilfe. Hartmut empfindet es als Privileg, Erfahrungen wie diese machen zu dürfen. 2006 hat er zum ersten Mal ein SOS-Kinderdorf in Nigeria besucht. Und fand dort sein Patenkind Tojin. Das damals elfjährige Mädchen nahm ihn einfach an die Hand und zeigte ihm stolz sein Zimmer. Sie trug ein buntes Rüschenkleid, und Hartmut konnte nicht anders, als sie fortan zu unterstützen. Er tut das bis heute. »Tojin ist mittlerweile 24 Jahre alt und studiert«, weiß er. Einmal im Jahr schreibt sie ihm einen Brief und teilt ihm mit, was sie gerade macht und wie es ihr geht. Hartmut überlegt manchmal, wie es für sie wäre, für eine Weile nach Europa zu kommen. Er schiebt diesen Gedanken meistens schnell wieder beiseite, weil er glaubt, dass der Kulturschock zu groß wäre.

Die Bilder, die er in Nigeria gesehen hat, lassen ihn bis heute nicht los. Wenn Journalisten ihn fragen, was ihn am meisten berührt hat von all seinen sozialen Projekten, nennt er dieses Land, in dem besonders viele bitterarme Menschen leben. Nach seinem ersten Besuch schrieb er den Song »SOS« – den Erlös spendete die Band an SOS-Kinderdörfer. Das Geld wurde auch dafür genutzt, im Zuge der FIFA-Fußball-WM-Aktion »6 Dörfer für 2006« in der Provinz Gwagwalada ein neues SOS-Kinderdorf zu bauen.

Der PUR-Song stand dafür Pate. 2010 war Hartmut mit Joe Crawford erneut vor Ort, um zu sehen, wie sich das Projekt entwickelt hat. Es gibt Videos davon, die zeigen, wie ergriffen sich die beiden durch Kindergarten und Schulgebäude bewegen. Wie Schulkinder Hartmut munter drauflosplappernd begrüßen. Auf seinen Schoß hopsen, ihm in die Nase zwicken, durch seine Sonnenbrille schauen und schließlich mit ihm und Joe ein Lied singen. Eine SOS-Mutter zieht bis zu zehn Kinder groß, lässt sie in Liebe und Geborgenheit aufwachsen. Hartmut war von der Fröhlichkeit der Kleinen beeindruckt. »Als wir hier ankamen, hab ich die Sonne in euren Augen gesehen. Vielen Dank, dass wir eure Gäste sein dürfen«, sagte er auf Englisch. Und später in die Kamera: »Wir können nicht ansatzweise begreifen, wie das Leben in Nigeria funktioniert. Das ist einfach schräg. Wir fahren da durch und wir kapieren gar nichts.« Hartmuts Erfahrungen zwischen den Welten haben ihn geprägt. Längst hat er mehrere Patenkinder in mehreren Ländern bei verschiedenen Organisationen.

17.
Was Hartmut macht, bevor er singt

Wir haben es ja bereits erwähnt: Rund zehn Millionen Menschen haben PUR in den vergangenen fast 40 Jahren auf der Bühne gesehen. Und es werden immer mehr. Die Band tourt weiterhin durchs Land. Die Fans kommen in Scharen. Immer. Sie posten sich auf Facebook gegenseitig Sprüche auf die Pinnwand wie: »Leidest du auch an Konzertlosigkeit?« Live ist live. Und da sind PUR durch nichts und niemanden zu toppen. Finden jedenfalls Helga, Jörg und ihre Tochter Yvonne. Sie sind gerade aus der S-Bahn gestiegen, die sie von Tamm nach Bad Cannstatt gebracht hat. Es ist kalt. Dezember, noch 21 Tage bis Weihnachten. Um kurz nach 16 Uhr geht die Familie durch die kleine Bahnhofshalle. Sie ist früh dran. Mit einer Flasche Sekt im Gepäck pilgern die drei zur Stuttgarter Schleyerhalle, wo Stunden später ein PUR-Konzert über die Bühne gehen wird. Die große Arena-Tour hat begonnen. Gestern Nürnberg, heute Heimspiel. Während Helga, Jörg und Yvonne vor der Halle warten, wollen sie anstoßen auf den schönen Tag und das, was da noch kommen möge. Sie möchten zu den Ersten gehören, die die Halle stürmen. Eine gute Sicht haben auf die Hauptdarsteller, was nicht so schwer sein dürfte. Schließlich präsentieren sich PUR auf einer runden Mittelbühne. Eine Herausforderung für jeden Musiker, wenn die Fans nicht nur vor, sondern auch neben und hinter ihnen stehen und jeder auf Blickkontakt aus ist.

Während die Fantraube vor der Schleyerhalle immer größer wird, gibt's innen bereits ordentlich was auf die Ohren. Was Hartmuts Fans nicht wissen: Sie sind ihm schon ziemlich nah. Es ist noch nicht ganz 17 Uhr, da steht er mit seinen Bandkollegen auf der Bühne und macht Soundcheck. Hartmut trägt Jeans und einen grauen Pullover. An seinen Turnschuhen leuchten orangefarbene Schnürsenkel. Er winkt freundlich rüber und wirkt gelöst. Vielleicht lässt er sich die Nervosität, die ihn normalerweise vor einer Show gefangen nimmt, nicht anmerken. Er macht Witze, während Techniker mit einer Hebebühne die Plattform umkreisen, auf der er steht. Noch sind alle Zuschauerränge leer. Lediglich am Getränkestand am Hallenende klirren Gläser. Hartmut singt »Beinah« und findet die Basedrum zu dominant. »Kann man da was machen oder muss ich damit leben?« Er muss. »Okay, dann versuch ich, mich daran zu gewöhnen.« Nochmal von vorne. Seine kraftvolle Stimme erfüllt die leere Halle. Grüne Lichter huschen über die Bühne, die einen Durchmesser von vierzehn Metern hat und fünf Tonnen wiegt. Ein Koloss. Über der Plattform schweben wie ein Ufo ein 360-Grad-Videoscreen und ein Lichtrondell. Bewegte Bilder tanzen über die großen LED-Flächen. Ausschnitte aus PUR-Videos. Galoppierende Pferde. Das Universum. Max Giesinger und Peter Freudenthaler gesellen sich zu Hartmut und singen gemeinsam mit ihm »Lemon Tree«. Es ist das erste Mal, dass sie zu dritt auf dieser Bühne proben. Wer steht wo? Wer bewegt sich wann wohin? Sie stimmen »Abenteuerland« an, den Gänsehaut-Song, den jeder im Land kennt, ob er will oder nicht. Hartmuts Freundin Katrin dreht unterdessen zackig ihre Runden durch die Halle, lauscht dem Sound aus unterschiedlicher Entfernung. Sie trägt schwarze Biker-Boots und ein weites Jeanshemd. In der Hand hält sie das braune

Baseball-Cap, das Hartmut sich später tief ins Gesicht ziehen wird, während er sich den Weg durch die Menge bahnt, um zur Bühne zu gelangen. Anders kommt er nicht dorthin. Es gibt keinen unterirdischen Gang, der mitten durch die Halle nach oben führt. Katrin erinnert sich an unsere Begegnung auf dem Feldberg. Nach Smalltalk ist ihr jetzt nicht zumute. Sie wirkt konzentriert, sagt: »Ich bin gerade in meiner eigenen Welt.« Katrin wird ihren Verlobten während der gesamten Tour begleiten. Sie hat Urlaub genommen.

Hartmut und seine musikalischen Gäste proben den Schluss. Und noch immer ist Hartmut zu Scherzen aufgelegt. »Danke Peter, danke Max.« Ein breites Grinsen. »Und jetzt spazieren wir Hand in Hand von der Bühne.« Der Mann hat Spaß! Sie gehen nochmal die Zeilen von »Zu Ende träumen« durch. »Den C-Teil singt, wer Luscht hat.« Gelächter.

Es ist kurz vor 18 Uhr, als sie den Soundcheck beenden. Die Treppe zum Backstagebereich findet nur, wer Bescheid weiß. Am Hallenende, dort, wo die Technik aufgebaut ist, führt sie dorthin, wo sich die Fans hinträumen.

Vorbei an einem Dutzend Monitore, Boxen, Lampen und Kabel. Hartmut steigt die Stufen hinab. Er hat Hunger. Und in seinem Gesicht kann man lesen, dass ihm Ruhe jetzt besser tut als oberflächliches Geplänkel. Am liebsten würde Hartmut wohl schnurstracks in den Cateringraum verschwinden, doch er wird in einem Nebenraum erwartet. Zwei junge SWR-Mitarbeiterinnen wollen eine Videobotschaft aufnehmen, weil Hartmut heute Abend nicht bei einem Herzenssache-Event dabei sein kann. Er spricht einen Gruß in die Kamera, gemeinsam mit Max Giesinger, der das Hilfswerk ebenfalls unterstützt. Sie halten ein rotes Herz in den Händen, bedauern, dass sie nicht persönlich vorbeischauen können. Der erste Versuch klappt. Zur Sicherheit sprechen sie ihren Gruß ein zweites Mal. Jetzt aber nichts wie raus hier. Hunger. Weit kommt er nicht. Vor der Tür warten Fans. Sie schauen ihm erwartungsvoll in die Augen. Sie freuen sich auf ein Foto mit Hartl in der Mitte. Meet and Greet in aller Kürze. Der Sänger gibt jedem die Hand, lächelt in die Kameras, verabschiedet sich. Jetzt muss er aber wirklich. Der Magen knurrt. Er geht mit Katrin zum Catering. Die Köche haben aufgefahren. Es duftet nach gebratenem Kabeljau und Spargelrisotto. 150 Portionen bereiten die Köche täglich für die 83-köpfige Crew zu. Die reist mit fünfzehn Trucks und drei Nightlinern von A nach B. 550 Hotelzimmer wurden für die Tour gebucht.

Feng-Shui-technisch gibt's Punktabzüge. Der Backstagebereich ist, gelinde gesagt, ungemütlich. Funkgeräte knacken, an der Decke hängen grell leuchtende Neonröhren. An den Wänden gibt's nichts als weiße Kacheln. Lange

Flure, zwei Dutzend Türen. Ist das ein Labyrinth? Wer keinen guten Orientierungssinn hat, kann sich hier durchaus verloren fühlen. Zum Glück hat die Crew den Weg zur Bühne mit Pfeilen markiert. Was oben in der Halle los ist, hört man unten kaum. Die Sprechchöre der Fans klingen wie ein leise summender Bienenschwarm. Dass sich in der Schleyerhalle mittlerweile über 14000 Menschen tummeln, lachen, reden, singen, davon bekommt Hartmut nichts mit.

Auch Mara, Jessi und Nadja aus Backnang stehen in der Menge und warten. Sie sind noch keine 40 Jahre alt, aber bereits seit 20 Jahren PUR-Fans. Die Musik hat sie durch ihre Jugend begleitet. »Bei ›Wenn sie diesen Tango hört‹ bekomme ich Gänsehaut«, sagt Nadja. Den Hartmut findet sie authentisch. »Ich nehm ihm das ab, was er singt.« Und, ja, auch als Mann sei der Hartl interessant. Mit seinen Ecken und Kanten. Und der warmen Ausstrahlung. Es sind nicht nur Frauen, im Publikum trifft man auch auf »echte Kerle« mit Tattoos und Bizeps. Männer, die man auf den ersten Blick nicht mit PUR in Verbindung bringt. Marc ist 27 und kommt aus dem Schwarzwald. Er ist mit seiner Mutter hier. Heidi heißt sie, ist 60 Jahre alt und aufgeregt. Ihre Freundin Sandra ist auch dabei, die seit 1996 auf so vielen PUR-Konzerten war, dass sie aufgehört hat zu zählen. Es gefällt ihr, dass hier Jung und Alt zusammen feiern. Heidi sagt über Hartmut: »Er hat seine Höhen und Tiefen durchgemacht, Scheidungen, Alkohol, er ist auf Augenhöhe mit den Leuten.« Was sie ihm wünscht? »Behalte deinen Lebensmut. Verschiebe nichts auf später.« Und der Hartl als

Mann? »Also, ich würde mit ihm ein Eis essen gehen oder Boot fahren.« Ihr Sohn Marc hätte mehr Lust auf eine gemeinsame Kneipentour. Es ist sein drittes PUR-Konzert. »Die ganze Stimmung! Die reißt alle vom Hocker.«

Während die Fans sich aufs Konzert freuen, lässt sich Hartmut nochmal von seinem Physiotherapeuten durchkneten. Die meiste Zeit verbringt er in seiner Garderobe. Sie ist einer der wenigen Wohlfühlräume da unten. Hartmuts Schwester Ute – wie immer auf Tour dabei – hat sie mit Lichterketten geschmückt, Palmen reingestellt. Auf dem Tisch stehen Nüsse, Chips und Lebkuchen, in kleine Schälchen gefüllt. Ein Hauch von Weihnachten. Auf dem Tisch vorm schwarzen Ledersofa steht Hartmuts Laptop. Hier hat er seine Meditationen gespeichert. Ute sitzt schräg gegenüber der Garderobe vor einem Bügelbrett. Sie ist nicht nur die gute Seele, die es Hartmut und seinen Kollegen kuschelig macht (die restlichen PUR-Musiker teilen sich eine größere Garderobe), sie ist auch diejenige, die dafür sorgt, dass während der Tour immer saubere Outfits vorhanden sind. Ute trägt einen bunten Pullover mit Herzen drauf. Und einen Dutt auf dem Kopf.

Es ist kurz vor 20 Uhr. Hartmut ist startklar. Er trägt das braune Cap auf dem Kopf, eine schwarze gefütterte Jacke am Körper. Manager Götz von Sydow steht neben ihm – übrigens auch einer seiner engsten Freunde, sie kennen sich seit 20 Jahren. Noch so ein Ruhepol in seinem Leben. Hartmut wartet am Treppenaufgang und verzieht die Mundwinkel zu Grimassen. Letzte Aufwärmübungen. Den Bienenschwarm kann er von hier aus hören. Er lächelt jetzt nicht mehr. Hochkonzentriert wirkt er. Bei sich. Ob er Jack Kornfields Worte noch im Ohr hat?

Die Halle ist hell erleuchtet. Dort, wo Hartmut nun emporsteigt, mitten in der Technik, sieht er die Bühne aus verschiedenen Perspektiven auf Monitoren. Gleich werden ihm zwei Sicherheitsmänner einen Weg durch die Menge bahnen. 20.02 Uhr. Er senkt den Kopf, geht hinter den beiden her. Unauffällig. Niemand scheint ihn zu erkennen. Ge-

schafft. Er ist vorne. Die ersten Pfiffe. Jubel. Die Fans wollen ihn. Und sie kriegen ihn. Hartmut betritt um 20.06 Uhr die Bühne. »Wozu sind Freunde da?« Er singt a cappella. Leise und sanft. Gitarrenklänge kommen dazu. Das Hallenlicht ist noch immer an. Herr Engler will sie schließlich sehen, die Fans, die den Song für ihn zu Ende singen. Und als es doch noch dunkel wird, sind da Tausende Leuchtstäbe, die hin und her geschwenkt werden. Der Jubel ist jetzt ohrenbetäubend. 14 600 Stimmen kreischen durcheinander. Die Party, die fast drei Stunden dauern wird, beginnt. »Danke, dass ihr alle da seid! Heute Nachmittag war ich noch auf dem Sofa zu Hause, jetzt bin ich hier. Es ist wahnsinnig schön, in neuen Welten zu sein.« Auf der Videoleinwand dreht sich ein Globus. Sterne funkeln. Das Universum, und Hartl mittendrin. Fast wirkt es, als würde er gleich abheben, zusammen mit seinem Ufo.

Spätestens als Hartmut »Ich lieb dich« singt, muss er sich wie im Rausch fühlen. Man kann es sich nicht anders vorstellen. Die Masse singt mit. Der Hartmut-Chor in seinem Element. Mittendrin starke Typen, deren Gesichter weich werden. Hartmut singt »Freund und Bruder« für Ingo. Bei

»Energie« explodiert eine Pyrobombe. Es regnet weißes Konfetti. 136 000 Meter Luftschlangen werden die Techniker am Ende der Tour in die Menge geschleudert haben.

Jetzt wird's richtig emotional, Hartmut singt »Wenn sie diesen Tango hört«, das Lied für seine Mutter. Wieder singen alle mit. Hartmut schießen Tränen in die Augen, während ein Foto seiner Mama aufleuchtet, wie sie ihre Nase an seine drückt und herzlich lacht. Hartmut fasst sich ans Herz, und die Fans rasten aus. »Sie hat ihren 91. gefeiert«, ruft er in die Menge. »Den 92. hat sie dann da oben gefeiert, hoffentlich mit Papa. Und sie hat's krachen lassen. Bei einem der letzten Konzerte hier in der Schleyerhalle sagte sie: Buben, habt Spaß und genießt das Leben.« Jetzt sind es die Fans, die ein paar Tränen verdrücken.

Peter Freudenthaler und Max Giesinger kommen auf die Bühne. Sie haben sich ihre Parts gut gemerkt, die drei harmonieren perfekt. Freundschaftliche Umarmung. Und PUR haben noch einen besonderen Gast. Rüdi, ihren größten Fan. Hartmut performt mit ihm gemeinsam den Song, den er über ihn geschrieben hat:

Mein Freund Rüdi ...
Er lebt in einer andern Welt,
es ist schwer, ihn zu verstehn.
Und dass er nicht wie andere ist,
das ist ihm wohl auch anzusehen.

Schreiben und Lesen ist ihm fremd,
vieles vergisst er, manches nicht,

zum Beispiel Herzlichkeit, die nie,
oh nein, die trägt er stets in sich.

Und steht er vor den Boxen
Und groovt sich langsam ein
Und drückt sich an mein Ohr
Und flüstert nur ›mein Freund‹
dann denk' ich, er muss was ganz Besonderes sein.

Keiner rockt, wie er das tut.
Er hat den Groove total im Blut.
Er muss da mit, er grinst vor Glück:
Mein Freund Rüdi lebt Musik ...

Mitte der 1980er hatte Hartmut Rüdi kennengelernt. Er stand bei vielen Konzerten vor der Bühne und wippte hin und her, nonstop, in sich versunken. Nach dem Konzert in einem Heilbronner Club sprach Hartmut ihn an und erfuhr, dass Rüdi an Trisomie 21 litt, dem Down-Syndrom. Dass er großer PUR-Fan war, mit der Musik ins Bett ging und mit ihr aufstand. Rüdi ließ Hartmut nicht mehr los. Er wollte mehr über ihn erfahren und besuchte ihn im Heim, in dem er bis heute betreut wird. Mehr als 40 Mal nahmen PUR Rüdi auf der Bühne in ihre Mitte – auch auf Schalke war er dabei. Hartmut besucht ihn an Weihnachten und zum Geburtstag. Manchmal frühstücken sie zusammen.

Jetzt wippen sie gemeinsam mitten in der Schleyerhalle zum Sound und lassen sich von den Fans feiern.

Elf Songs vom aktuellen Album »Zwischen den Welten«

bringen PUR heute auf die Bühne. Neben all den Hits, die bei keinem Konzert fehlen dürfen. Zwei Wochen lang haben sie an der Show gefeilt, an Medleys gebastelt und überlegt, wie sie »Abenteuerland« neu arrangieren könnten. Sie spielen das Lied auch nach fast 24 Jahren meist im Original.

Auch fürs Auge hat die Show etwas zu bieten. Als Hartmut »Affen im Kopf« rockt, wird er von Gorilla-Tänzern umzingelt. Bei »Bis der Wind sich dreht« erscheint er im schwarzen Ledermantel und mit Schlagstock. Es ist ein Lied gegen Fremdenhass.

Zweieinhalb Stunden lang rocken PUR die Bühne. Wer das zum ersten Mal erlebt, ist baff angesichts der Energie, die noch immer in den Herren steckt und die sich bis in den letzten Hallenwinkel ausbreitet. Das ganze mal zwölf. So viele Shows meistern PUR während der Arena-Tour.

Die Presse berichtet darüber:

MK Bremen: *»Die wohl softeste Rockband Deutschlands kann es noch immer – Arenen füllen und das Publikum bis zum letzten Song begeistern … Viele Fans hält es bereits nach wenigen Songs nicht mehr auf ihren Sitzplätzen. Die Arme Richtung Hallendecke, schunkelnd und das Smartphone in der Hand, könnte man meinen, Werder wäre Deutscher Meister. So ausgelassen, so laut schreit das Publikum seine Freude raus.«*

Hamburger Abendblatt: *»… Mehr als 30 Songs in knapp drei Stunden – eine emotionale Achterbahnfahrt durchs Abenteuerland. … In einer Ecke tanzen mehrere Paare. Eine Clique* *hüpft Arm in Arm. Die Menge, Jung und Alt, ertönt als lautstarker nimmermüder Chor. Und wer nicht genug bekommt, kauft sich am Merchandise-Stand noch ein Kissen. ›Zu Ende träumen‹ steht darauf. Eine Einschlafhilfe für fortgeschrittene Puristen. Nach einem Abend mit Herz und Haltung.«*

Am Ende müssen sich PUR wieder durch die Menge drängen, zurück zum Backstagebereich. Hartmut zieht sich seine Jacke über, er hat Katrin und Götz neben sich, während er sich schnell von der Bühne entfernt. Viele Fans rufen ihm etwas zu, sie winken ihm von den oberen Rängen, als er die Treppe erreicht. Hartmut winkt zurück. Er sieht glücklich aus. Und geschafft. Er erinnert an einen Marathonläufer. Er hat diesen Glanz in den Augen, den Menschen haben, denen gerade etwas gut gelungen ist. Hartmut geht in seine Garderobe. Die Stille nach dem Sturm. Aufatmen. Verarbeiten. Freunde und Verwandte von PUR kommen hinter die Bühne, wo Getränke und Snacks auf sie warten. Crewmitglieder trinken Sekt. Hartmut erscheint im Korridor, neben sich Katrin, in der Hand ein kühles Bier. Alle beglückwünschen ihn zum Auftritt. Er nickt ihnen zu. Und er strahlt, wie man ihn selten strahlen sieht. Da ist kein Aber. Er gesellt sich zu seinen Lieben, die an den Stehtischen auf ihn warten. Später wird er nach Hause fahren, zwei Crewmitglieder werden bei ihm übernachten. Übermorgen geht's nach Leipzig. Dann nach München. Dortmund. Zum Schluss nach Berlin.

Nach der Show ist vor der Show. Im Sommer beginnt die nächste Tour. 27 Open-Air-Konzerte in zweieinhalb Monaten. Von Aspach bis Sylt. 200 000 Menschen werden Hartmut und seine Band erleben. 200 000 Gesichter. Er wird sie in seinen Bann ziehen. Seine Hände werden ein wenig zittern, bevor er auf die Bühne geht. Aber dann wird er sie rocken.

Weitere Porträts bei kurz & bündig verlag

Jürgen von der Lippe

Komiker. Klugscheißer. Koch.

ISBN 978-3-907126-04-2
ePUB ISBN: 978-3-907126-17-2

Pedro Lenz

Autor. Maurer. YB-Fan.

ISBN 978-3-907126-03-5
ePUB ISBN: 978-3-907126-16-5

Mikis Theodorakis

Komponist. Friedensstifter. Volksheld.

ISBN 978-3-907126-02-8
ePUB ISBN: 978-3-907126-15-8

Stefanie Sargnagel

Autorin. Burschenschaftlerin. Matriarchin. Rotkäppchen.

ISBN 978-3-907126-06-6
ePUB ISBN: 978-3-907126-19-6

Susanne Fröhlich

Abspeck-Expertin. Frankfurter Pflanze. Sprachathletin.

ISBN 978-3-907126-05-9
ePUB ISBN: 978-3-907126-18-9

Nina Caprez

Sportkletterin. Höhlen-forscherin. Wahlfranzösin.

ISBN 978-3-907126-01-1
ePUB ISBN: 978-3-907126-14-1

Inka Bause

Moderatorin. Sängerin. Botschafterin.

ISBN 978-3-907126-08-0
ePUB ISBN: 978-3-907126-21-9

Ottmar Hitzfeld

Fußballverrückter. Mutmacher. Menschenfänger.

ISBN 978-3-907126-09-7
ePUB ISBN: 978-3-907126-22-6

Roger Federer

Weltsportler. Ballverliebter. Wohltäter.

ISBN 978-3-907126-00-4
ePUB ISBN: 978-3-907126-13-4

Erhältlich im Buchhandel oder bei
www.kurz-und-buendig-verlag.com